Bienheureuse Mère Teresa de Calcutta

La voie vers la sainteté

D1246395

Mario Cardinal

NOVALIS   CBC ◉ Radio-Canada

« Mère
Teresa,
tu es
immortelle »

MÈRE
TERESA

Avant-propos

Ce livre se veut un grand dossier journalistique. Le titre aurait pu en être : pourquoi elle? Alors qu'en 25 ans de pontificat, Jean-Paul II a décrété, en moyenne, une béatification par semaine, 1 300 au total, toutes ou presque jugées sans intérêt par les médias du monde, pourquoi elle? Tout journaliste, quelles que soient ses croyances religieuses, si tant est qu'il en ait, ne peut demeurer indifférent devant la mémoire de cette femme et la rapidité avec laquelle l'Église catholique l'a béatifiée. Le cas appartient à l'exception. Pourquoi elle, et aussi rapidement? La réponse, qui n'est certainement que partielle, se trouve dans l'universalité du personnage lui-même, dans l'absolu de sa lutte contre la pauvreté et dans le message de charité qu'elle a su propager à la dimension du monde.

Le premier ministre communiste du Bengale-Occidental a dit : « Le lien qui nous unit, elle et moi, c'est l'homme ». Qu'il me soit permis de m'en inspirer : son amour de l'être humain avait une telle amplitude qu'il justifie à lui seul qu'elle ne disparaisse pas dans l'oubli et que nous soyions nombreux à lui pardonner sa démesure au sujet de l'avortement. La vénération que lui ont vouée de son vivant et continuent de lui vouer depuis sa mort tant de personnes, de mouvements, d'organismes, de gouvernements, toutes idéologies, religions et tendances confondues, en a fait une personnalité unique dans l'univers de l'aide aux plus démunis. Pour des millions de personnes, elle était, de son vivant, déjà sainte. Alors, pourquoi cette nouvelle consécration de la béatification ? Et en quoi consiste-t-elle? En tentant d'y répondre, nous ne faisons qu'emboîter le pas à tant d'autres qui tenteront de comprendre le geste de l'Église.

Ce livre a été rendu possible grâce à deux services de Radio-Canada qui ont travaillé en étroite collaboration dans la poursuite d'un même objectif : faire connaître le processus qui a mené à la béatification de Mère Teresa et souligner la complexité de cette petite religieuse devenue symbole universel de la compassion. Merci à Colette Forest, du Service de Documentation et Archives, qui a eu l'idée du livre et l'audace de me faire confiance pour l'écrire, merci également au Service de l'information dont le documentaire télévisé a largement servi à l'alimenter en informations de toutes sortes. Un merci tout particulier à Hubert Gendron, responsable des projets documentaires transculturels, à Pierre Bélanger, qui a eu l'idée du document télévisé et qui l'a réalisé, à Raymond Saint-Pierre, qui a su trouver, à Calcutta et à Rome, les réponses dont j'avais besoin pour nourrir ce livre et à Mia Webster, dont le génie de la recherche visuelle nous a permis de l'illustrer de façon aussi extraordinaire.

Merci également à Jean-François Bouchard, directeur de l'édition française de Novalis, et à toute son équipe, pour le respect qu'ils ont toujours manifesté envers l'auteur et pour la qualité du produit final. Enfin, un ultime merci à Françoise Leroux, ma conjointe, dont la patiente compréhension et l'art de la relecture m'ont permis de mener le manuscrit à terme dans les courts délais qui m'étaient impartis.

Mario Cardinal

La cause

« Pour des millions
de gens,
elle est sainte! »

La foule se masse au passage de la dépouille de Mère Teresa.

« Mère Teresa, tu es immortelle », criaient des gens entassés de chaque côté de Park Street et de l'avenue Jawaharlal-Nehru, en plein cœur de Kolkata. Bien avant le Vatican, ils étaient des milliers, ce samedi de septembre 1997, à canoniser celle qu'on s'apprêtait à mettre en terre, dans la ville où elle avait partagé la vie des pauvres, « des plus pauvres d'entre les pauvres ». Et depuis ce jour, la vague s'est poursuivie, incessante, allant s'amplifiant : « J'ai entendu autant comme autant des gens de partout en Inde et aussi d'autres parties du monde dire que Mère Teresa n'avait pas besoin du tampon de l'Église catholique pour être appelée une sainte. Elle est une sainte et elle sera une sainte », déclare Mgr Salvador Lobo, qui, au nom de l'archevêque de Kolkata, a présidé à l'enquête devant mener à sa béatification[1].

Il ne faut pas, par conséquent, se surprendre de l'empressement hors norme avec lequel l'Église catholique sanctionne ce sentiment populaire : six ans après sa mort, Mère Teresa est béatifiée. L'événement est malgré tout exceptionnel. Non pas la béatification elle-même, un acte pontifical devenu presque banal

sous le règne de Jean-Paul II qui, en un quart de siècle, a canonisé plus de 460 saints et signé plus de 1 300 décrets de béatification, une moyenne de 52 par année. L'événement est exceptionnel parce qu'il survient très peu de temps après la mort de Mère Teresa, un record dans l'histoire de l'Église.

Il est vrai que les nouvelles normes établies par Jean-Paul II ont réduit considérablement le délai entre le décès et la béatification; il était, avant lui, d'une cinquantaine d'années. Néanmoins, pour Mère Teresa, le délai a été remarquablement court : l'enquête a commencé moins de deux ans après sa mort, alors que, traditionnellement, une période de cinq ans doit s'écouler avant que ne s'amorce le moindre examen de ses vertus et de son pouvoir d'intercession.

Pourtant, d'autres avant elle ont tenu un discours analogue au sien sur l'amour des déshérités; certains l'ont même payé très cher. L'exemple de Mgr Oscar Romero demeure présent à l'esprit. Le dimanche 23 mars 1980, dans son homélie, il dénonçait la junte militaire au pouvoir au Salvador : « L'Église ne peut se taire devant tant d'abominations. Les réformes ne servent à rien si elles sont tachées de tant de sang. Au nom de Dieu, arrêtez la répression[2]! » Le lendemain soir, il tombait sous les balles d'inconnus, au beau milieu de la messe qu'il célébrait dans une petite chapelle de la capitale. La cause de béatification de Mgr Romero est à l'étude depuis près d'un quart de siècle. À l'été 2003, la Congrégation pour la cause des saints avait dans ses cartons environ 380 causes qui attendaient l'expertise des théologiens. Si la cause de Mère Teresa avait pour ainsi dire suivi la queue, son étude aurait été reportée de dix ou quinze ans. Alors pourquoi a-t-elle court-circuité toutes les autres?

Il faut d'abord dire que la règle des cinq ans n'a rien de dogmatique. Elle pourrait être de deux, quatre, dix ou vingt ans. Il s'agit d'un chiffre arbitraire, arrêté par Jean-Paul II qui considère qu'avec les nouvelles technologies et les équipements de transport du monde moderne, il s'agit du temps nécessaire pour constater, à la fois, la réputation de sainteté du candidat et son pouvoir d'intercession auprès de Dieu[3]. Dans le cas de Mère Teresa, l'ouverture du dossier

a eu lieu en juillet 1999, 22 mois après sa mort. Pourquoi cette précipitation? Mgr Robert Sarno, de la Congrégation pour la cause des saints, avance la réponse suivante : « (Mère Teresa) a déjà dans la population une réputation de sainteté. Ce que l'on considère comme l'œuvre du Saint-Esprit. Il ne s'agit pas simplement d'une évaluation humaine. Le processus de béatification est la constatation que fait l'Église de cette réputation de sainteté chez les gens[4]. »

Qu'entend-on par « réputation de sainteté »? Le père Paolo Molinari agit depuis longtemps comme expert-conseil dans ce

Mgr Robert Sarno, de la Congrégation pour la cause des saints, au Vatican

genre de cause. Il est le postulateur de la Compagnie de Jésus, celui qui étudie les candidatures possibles à la sainteté chez les Jésuites, mais sa compétence dépasse largement les cadres de sa communauté. Il a maintes fois été appelé à évaluer le sérieux et l'ampleur d'une « réputation de sainteté » : « Pourquoi et comment, parmi les millions de personnes qui meurent chaque jour, y en a-t-il qui ont marqué le cœur, l'esprit de ceux qui les connaissent? dit-il. À la racine de n'importe quelle cause, il y a le *sensus fidelium*, le sens que les fidèles ont de ce quelque chose qui va au-delà de la façon normale dont les autres ont vécu leur esprit chrétien. [...] L'Église doit vérifier si ce que les gens ont perçu chez cette personne a vraiment un fondement. La recherche de documents, des témoignages, sert à voir comment dans tous les détails de sa vie, cette personne a vraiment vécu selon ce quelque chose qui va au-delà de l'ordinaire[5]. »

Dès la mort de la sainte, l'archevêque de Kolkata, Mgr Henry de Souza, a senti ce *sensu fidelium*, une pression populaire à laquelle il a été immédiatement attentif. « Quelques mois après sa mort, dit-il, j'ai écrit à la Congrégation pour la cause des saints, demandant l'autorisation de commencer immédiatement le processus menant à la béatification. Le cardinal qui était le préfet de la Congrégation m'a alors répondu qu'il fallait que j'attende cinq ans. J'invoquai que les personnes qui l'avaient connue étaient passablement âgées et pouvaient mourir avant cinq ans. Il m'a alors suggéré de commencer à recueillir les témoignages de façon non officielle, sans créer une commission à cette fin. C'est à ce moment-là que j'ai interrompu mes démarches. Mais deux ans ne s'étaient pas écoulés que c'est la Congrégation qui m'a écrit pour me dire que les pressions étaient grandes dans le monde et que le Saint-Père voulait que le processus commence immédiatement. Ils m'ont demandé de constituer la commission d'enquête et le tribunal à cette fin[6] ».

L'initiative a donc été prise d'abord par le diocèse, mais c'est le pape lui-même qui a demandé que l'on enclenche le processus avant l'expiration du délai de cinq ans. Car dès la

Mgr Salvador Lobo, évêque de Baruipur, en Inde

mort de Mère Teresa, et durant les deux années qui ont précédé l'ouverture du dossier, les lettres affluaient, tant au Vatican qu'à la congrégation des Missionnaires de la Charité, la communauté qu'elle a fondée. Ces lettres faisaient état de sa sainteté et réclamaient sa canonisation. « Alors, ajoute Mgr Sarno, je pense que le Saint-Père a considéré que dans ce cas précis, la règle des cinq ans n'était pas nécessaire et que sa réputation de sainteté comme son pouvoir d'intercession avaient explosé après sa mort[7] ». Ce que con-firme Mgr Salvador Lobo : « Le pape lui-même a accordé la dispense nécessaire pour contourner la règle des cinq ans. Il a accordé la dispense et demandé que la cause soit ouverte. Et la cause a été ouverte[8]. »

Certains diront que Mère Teresa a eu un traitement privilégié; le pape et elle sont deux Slaves et ont entretenu des communications suivies pendant de nombreuses années! Il est vrai que la relation entre les deux était étroite, mais y voir un cas de favoritisme dans l'acte de béatification, c'est bien mal connaître toutes les étapes qu'une cause doit franchir avant d'y parvenir. Le pape peut intervenir pour demander qu'un dossier soit traité en priorité, et il l'a fait dans le cas de Mère Teresa. Il peut aussi demander que certaines régions du globe, défavorisées à cet égard, reçoivent une attention particulière dans le cadre de sa pastorale internationale, et il l'a fait également. Un exemple récent : « Le pape voulait depuis longtemps aller en Bosnie-Herzégovine, raconte le père Molinari. [...] Alors, il a demandé au préfet de la Congrégation pour la cause des saints : est-ce que vous avez des causes de ce pays, des gens de ce pays[9]? » Et le 22 juin 2003, à Banja Luka, dans le nord de la Bosnie-Herzégovine, Jean-Paul II béatifiait Ivan Merz, apôtre des jeunes, promoteur du mouvement liturgique et pionnier de l'action catholique dans son pays. Donc, le pape peut demander que l'on privilégie une cause plutôt que d'autres pour toutes sortes de raisons qui lui sont propres, considérations d'ordre pastoral ou politique. Mais, une fois fait le choix du candidat, le processus prévu par la Congrégation de la cause des saints et les règles d'évaluation de la cause demeurent les mêmes et sont rigoureusement respectés.

La procédure de béatification est aujourd'hui tout aussi complexe qu'elle l'était sous le règne de Paul VI qui n'a pourtant canonisé que 23 saints en 15 ans. Les normes qui la régissent, bien qu'adaptées aux différentes époques par les papes, sont restées sensiblement les mêmes depuis longtemps : la rigueur des vérifications, la notoriété des experts, avocats, théologiens, médecins, donnent à la démarche l'allure d'une enquête sans faille dont les résultats peuvent difficilement prêter le flanc à la contestation.

Contrairement à la croyance générale, ce n'est pas le Vatican qui amorce le processus, mais l'évêque du diocèse où le décès a eu lieu. Dans le cas de Mère Teresa, l'implication de l'archevêque de Kolkata, Mgr Henry de Souza, a été totale dès le début. La règle veut qu'avant d'amorcer une enquête, l'évêque donne son approbation. C'est donc à Mgr de Souza que s'est adressé le postulateur de la cause, le père Brian Kolodiejchuk, un Canadien originaire de Winnipeg, lui-même Missionnaire de la Charité.

Mgr Henry de Souza,
archevêque émérite de Calcutta

L'autorisation obtenue, une formalité, en quelque sorte, le postulateur a entrepris sa quête d'informations, une tâche considérable. Rien ne devait être laissé au hasard : tous les aspects de la vie quotidienne de la religieuse de sa naissance à sa mort, les témoignages de ceux qui l'ont connue, ses écrits, publiés ou non, ses notes personnelles. La première démarche consistait à recueillir les témoignages oraux de personnes ayant des choses significatives à dire à propos de la sainte : ce qu'elles ont vécu auprès d'elle, ce qu'elles ont entendu, ce qu'elles ont vu.

La majorité des témoins — selon Mgr Lobo, un cas unique dans l'histoire de l'Église — venaient de l'extérieur de ce qui fut le cadre de vie habituel de Mère Teresa et plusieurs n'étaient pas des catholiques. Certains étaient des hindous, des musulmans. Une trentaine seulement appartenait à la congrégation des Missionnaires de la Charité. « Nous avons interviewé oralement 113 témoins qui ont eu à répondre à quelque 263 questions portant sur la vie de Mère Teresa, ses vertus, sa réputation de sainteté, dit le père Brian. Nous aurions pu sélectionner beaucoup plus de personnes, mais nous cherchions des gens qui pouvaient, pour certains, parler des différentes étapes de sa vie, de la naissance à sa mort et, pour d'autres, — c'était le deuxième critère de choix — qui pouvaient nous parler des aspects, des facettes de sa vie, par exemple des fonctionnaires, des responsables de fondations, des Missionnaires de la Charité, l'évêque, des leaders politiques[10]. » La collecte des seuls témoignages a donné 12 volumes auxquels sont venues s'ajouter quelque 2 000 pages de témoignages venant de l'extérieur de Kolkata.

La deuxième démarche, tout aussi importante, du postulateur a été de colliger tous les documents pertinents, à commencer par les lettres de Mère Teresa. Ce ne fut pas une mince tâche : certaines, celles de sa famille, de sa mère, de sa sœur, et d'autres personnes, étaient rédigées en albanais ou en serbo-croate. Il fallut les traduire. De plus, les recherches sur l'enfance de Mère Teresa ont été difficiles : des inondations et le terrible tremblement de terre de Skopje en 1963, qui détruisit les trois-quarts des immeubles de la ville, ont emporté le siège de l'évêché et ses archives. Réunis, tous ces témoignages et documents représentent 35 000 pages, compilées dans pas moins de 80 volumes!

Une fois franchie l'étape de la collecte des témoignages et des documents, Mgr de Souza, comme le veut la règle, a demandé à Rome le *nihil obstat*, c'est-à-dire le pouvoir de poursuivre la cause de façon formelle. Cette autorisation obtenue, il a décrété l'« introduction de la cause » et formé le tribunal dont il doit, toujours selon la règle, assumer lui-même la présidence, qu'il peut toutefois confier à quelqu'un d'autre, en l'occurence son délégué. Dans le cas de Mère Teresa, c'est Mgr Lobo, alors évêque de Baruipur, qui a présidé le tribunal. L'archevêque a également désigné un « promoteur de la justice », que l'on appelait autrefois l'« avocat du diable »; ce promoteur de la justice accompagne tout le processus et, comme il s'agit d'un procès canonique, son rôle consiste à vérifier l'exactitude des preuves apportées et à

Réunis, tous les témoignages et documents représentent 35 000 pages, compilées dans pas moins de 80 volumes!

voir à ce que tout se déroule conformément à la loi. Le tribunal, enfin, peut s'appuyer sur un greffier, sorte de notaire, responsable d'authentifier les actes.

La coutume veut que l'évêque préside toujours la première séance du tribunal en lui donnant le plus de solennité possible : il siège en camail et rochet et jure sur l'Évangile que les délibérations demeureront secrètes et ne subiront aucune influence de l'extérieur, le postulateur et le confesseur du futur béatifié étant exclus du procès. L'audition des témoins prend ensuite toute son importance et peut durer des mois; le tribunal aura recours à une commission rogatoire si nécessaire.

C'est Mgr Lobo qui a présidé les deux commissions, l'une sur les vertus et la réputation de sainteté de Mère Teresa, l'autre, sur le miracle. « La première commission a travaillé pendant deux ans et demi, rappelle Mgr Lobo. Du lundi au vendredi, dix heures par jour, de huit heures du matin à sept heures du soir, avec une petite pause pour le lunch. C'était un travail énorme. Et acharné[11]. » Lorsque tout fut accompli, sa dernière tâche fut d'apposer les scellés sur le document et de le déposer dans les archives du diocèse de Kolkata.

La collecte des témoignages et des documents terminée, restait leur évaluation. Le dossier s'est alors retrouvé à Rome, entre les mains d'une équipe dirigée par le père Brian qui a procédé à une ultime révision, établissant ainsi ce qu'on appelle dans la terminologie vaticane la *positio* qui est, en quelque sorte, la mise en forme du dossier diocésain.

La *positio*, un document de milliers de pages, agrafé, dans sa couverture rouge aux couleurs des cardinaux et des martyrs, est enfin soumise à la toute-puissante Congrégation pour la cause des saints. Créée en mai 1969 par Paul VI à même une subdivision de la Congrégation des rites, elle est composée de quelque 120 personnes, dont 34 prélats, cardinaux, archevêques et évêques, un théologien défenseur de l'orthodoxie de la foi, des rapporteurs et pas moins de 80 consultants. Elle dispose également d'un imposant personnel administratif. Bien qu'il ne soit jamais allé lui-même en mission, son président, le cardinal portugais Jose Saraiva Martins, appartient à une congrégation missionnaire, les Clarétains. Dans une réflexion rendue publique en mars 2003 par la Congrégation pour la cause des saints, il a évoqué en ces termes la pratique de la sainteté dans la société moderne : « Les saints, dans leur réalité personnelle et historique, permettent au monde

Dans l'action, la spiritualité est difficile à vivre et Mère Teresa n'a pas échappé aux embûches de toutes sortes. Elle a douté.

de constater que l'Évangile et la vie nouvelle dans le Christ ne sont ni une utopie ni un simple système de valeurs, mais bien le levain et le sel qui peuvent ranimer la foi chrétienne dans les différentes cultures, régions et époques de notre histoire[12]. »

Nul doute, par conséquent, que le dossier de Mère Teresa a été reçu avec une oreille attentive à la Congrégation pour la cause des saints. Il est passé entre les mains d'historiens, de canonistes, de médecins et de neuf théologiens recrutés parmi l'ensemble de ceux qui assistent la Congrégation, de Rome ou d'ailleurs. Alors que les médecins scrutaient tous les aspects du miracle attribué à Mère Teresa, les théologiens se sont penchés sur les témoignages oraux et sur les documents recueillis afin de s'assurer que sa vie a été conforme aux préceptes de la foi et des bonnes mœurs : a-t-elle pratiqué « les trois vertus théologales de foi, d'espérance et de charité, les vertus cardinales de prudence, de justice, de tempérance, de force d'âme et d'humilité, ainsi que les trois vœux de la vie religieuse de chasteté, pauvreté et obéissance »? Dans le document final, il y a environ 140 pages uniquement sur la foi, une centaine de pages sur l'espoir, quelque 145 sur la charité…

Bien que la prière ait été, pour elle, une source constante de ressourcement spirituel et son premier refuge lorsqu'elle devait faire face à une difficulté, la béatification de la fondatrice des Missionnaires de la Charité couronne un parcours qui est davantage celui d'une femme d'action que d'une contemplative. Or, dans l'action, la spiritualité est plus difficile à vivre et Mère Teresa n'a pas échappé aux embûches de toutes sortes. Elle a douté. Elle a douté de Dieu, de sa vocation, de sa foi. La lecture de certaines de ses lettres a permis de découvrir qu'en dépit de l'enthousiasme qui l'animait quotidiennement, elle a vécu des heures d'incertitude difficiles à supporter : « Je sens que Dieu est loin de moi, je me sens abandonnée », a-t-elle écrit à des gens qui la côtoyaient. Le père Albert Huart, qui a été un certain temps le conseiller spirituel de Mère Teresa, a pris connaissance de ses lettres : « C'est un dossier de lettres écrites au cardinal Picachy. (Avant de devenir archevêque) le père Picachy a dû être pendant bien des années son père spirituel très proche d'elle. Dans ces lettres, à part beaucoup de choses joyeuses, il y a vraiment des cris de détresse. Parce qu'elle se sentait dans la nuit spirituelle complète. La nuit, le sens d'être rejetée de Dieu parfois, le sens même d'avoir des doutes si elle avait la foi. Ça a été une surprise très grande pour celles qui la connaissaient parce que, par

essence, Mère Teresa était tellement une personne joyeuse. Et pas seulement joyeuse, mais donnant la joie. [...] Ce n'est pas seulement ces documents que j'ai comme évidence de cette nuit. Elle m'avait parlé de cette nuit auparavant. En 1965 et en 1985, j'ai prêché des retraites à ses sœurs. Elle était présente. Elle est venue m'en parler, me disant : Père, je suis en prière; je suis, dans ma foi, complètement dans la nuit[13]. » Dans une de ses lettres, datant probablement de 1959 ou 1960, elle écrit au père Picachy[14] : « Ils disent qu'on souffre éternellement, en enfer, de la perte de Dieu. Dans mon âme, je sens justement cette terrible peine, de Dieu qui ne veut pas de moi, de Dieu qui n'est pas Dieu, de Dieu qui n'existe pas vraiment. Jésus, pardonne le blasphème... Je ne peux élever mon âme vers Dieu : aucune lumière, aucune inspiration n'entre en moi[15]. »

Est-ce qu'une telle « nuit spirituelle » aurait pu nuire à sa béatification? Le père Molinari répond : « Absolument pas. [...] Même pour les chrétiens, il y a des moments où on est dans l'obscurité, comme dans un tunnel. [...] En dépit des difficultés,

Le père Paolo Molinari, jésuite, à Rome

Mère Teresa poursuit une ligne d'action et de vie qui est vraiment celle d'un bon chrétien. Et ça fait partie précisément d'une canonisation de proposer des exemples de personnes qui étaient comme nous[16]. » D'ailleurs, à un moment donné de leur vie, la plupart des saints ont connu la « nuit spirituelle », cette période de noirceur, de doute profond qui les amenait à croire que Dieu les avait abandonnés.

Peu de temps avant sa mort, alors qu'elle était hospitalisée pour des problèmes cardiaques, Mère Teresa a même été exorcisée. L'événement n'a été révélé que quatre ans plus tard. « Lorsque les médecins m'ont dit qu'ils ne pouvaient pas trouver de raisons médicales au fait qu'elle ne pouvait dormir, j'ai cru qu'elle pouvait subir l'attaque du démon », a déclaré Mgr de Souza à l'Agence de presse Reuters ». J'ai voulu la calmer et j'ai demandé à un prêtre de prononcer les prières d'exorcisme. Mère Teresa y consentait. » L'abbé Rosario Stroscio, qui a pratiqué l'exorcisme, a relevé le comportement étrange de la malade avant la cérémonie. « Mère Teresa était harcelée par Satan. Après les prières, elle est devenue calme », a-t-il dit[17].

Durant sa vie, Mère Teresa a été l'objet de nombreuses critiques. On lui a reproché, par exemple, de fréquenter les riches et les puissants. Elle a été photographiée en compagnie de la famille Duvalier en Haïti. Elle a donné la main à des dictateurs comme Enver Hoxha, qui a régné sur l'Albanie pendant 40 ans, et Fidel Castro, qui dirige les destinées de Cuba depuis plus longtemps encore. Elle a accepté des sommes d'argent importantes de personnes à la réputation douteuse comme Charles Keating, personnage central du scandale de la Lincoln Savings and Loan, aux États-Unis. Des Indiens, des journalistes notamment, lui ont fait grief d'avoir toujours présenté une image négative de l'Inde à l'étranger[18]. Accusation reprise par son principal critique, Christopher Hitchens, chroniqueur à la revue *Vanity Fair*, qui prétend qu'elle a pratiqué toute sa vie le fondamentalisme catholique le plus à droite qui soit et que les équipements de soins dans ses institutions étaient rudimentaires et d'une simplicité grotesque. Nombreux, également, sont ceux qui lui ont reproché son rejet catégorique de l'avortement.

Certains, enfin, ont critiqué le fait que Mère Teresa voyageait la plupart du temps en première classe dans les avions. Ce qui est vrai. Il faut cependant savoir qu'elle voyageait gratuitement sur Air India et d'autres compagnies aériennes et que ce sont ces compagnies qui la plaçaient en première. D'ailleurs, Mgr Sarno répond à cette critique : « Elle n'a jamais acheté un billet de première classe. Tout le monde sait que lorsqu'une personnalité en vue voyage, les compagnies aériennes la placent en première classe car si les passagers savaient que Mère Teresa était à bord, ils auraient tous voulu venir la saluer. D'ailleurs, après le décollage, elle allait en classe économique et changeait de siège avec une autre personne à qui elle offrait son siège de première. Comment je le sais? Un jour, je revenais de New York à bord d'un avion de Pan American Airlines. Un commandant de bord de la compagnie qui était assis auprès de moi m'a raconté cette histoire. Nous lui avons demandé de nous la répéter dans une lettre notariée[19]. »

Toutes ces critiques ont été analysées, soupesées, examinées. La législation romaine exige que toutes les preuves, pour ou contre une cause, deviennent objet d'enquête. « Tous les obstacles possibles à la canonisation doivent être évoqués et analysés afin de voir s'ils peuvent être surmontés, dit Mgr Sarno. Si on ne peut les surmonter, la cause doit être arrêtée[20]. » Ce que confirme le père Brian : « Il nous a fallu, dans ces domaines où il y avait des éléments négatifs ou des critiques, dire ce qu'a fait ou n'a pas fait Mère Teresa et pourquoi elle l'a fait ou ne l'a pas fait, peu importe de quoi il s'agissait[21]. »

À l'unanimité des neuf théologiens, la cause a franchi tous les obstacles.

Le père Brian Kolodiejchuk, Missionnaire de la Charité d'origine canadienne et postulateur de la cause de Mère Teresa

À l'unanimité des neuf théologiens, la cause a franchi tous les obstacles. Le président de la Congrégation pour la cause des saints, le cardinal Martins, et le secrétaire, Mgr Edward Nowak, ont enfin présenté les conclusions de l'étude au Saint-Père. Et c'est lui, après avoir pris connaissance du dossier, qui a porté le jugement final et pris la décision de béatifier Mère Teresa.

Qu'est-ce que la béatification? C'est une reconnaissance, par l'Église, que quelqu'un est un saint. La canonisation, qui suit généralement la béatification de quelque temps, n'ajoute rien de plus. En fait, la reconnaissance de sainteté qui est inscrite dans la tradition chrétienne, c'est la canonisation. Elle est une coutume très ancienne chez les chrétiens qui voulaient rendre un hommage public à leurs martyrs : elle découlait alors d'une acclamation de la population qui consacrait la sainteté de quelqu'un. Ce n'est qu'au XIIe siècle, par une décision du pape Alexandre III, que la canonisation a cessé d'être uniquement un verdict populaire pour devenir une prérogative papale. La notion de béatification n'est apparue qu'au XVIIe siècle. Pourquoi? Entre le moment où l'Église faisait connaître son intention de canoniser quelqu'un et la canonisation elle-même, il pouvait s'écouler des années. Les voyages n'étaient pas faciles à l'époque et les grands de ce monde tenaient à être présents, à Rome, lors de la cérémonie de canonisation. Entre-temps, dans les diocèses, les fidèles s'impatientaient et entendaient vénérer leur saint, avant la cérémonie officielle de Rome. C'est alors que Paul V, au début du XVIIe siècle, permit à certains diocèses de commencer à vénérer le saint et à le célébrer dans la liturgie, en attendant la canonisation. La personne était alors considérée comme « bienheureuse ». Par la suite, les moyens de transport s'améliorant, des évêques ont voulu donner plus de solennité à ces célébrations en venant les présider à la Basilique Saint-Pierre de Rome. Puis, en 1975, lors de l'année sainte, Paul VI

La cité du Vatican

décida de procéder lui-même à ces célébrations, donnant ainsi à la béatification une considération égale à celle de la canonisation. En fait, pour passer de l'une à l'autre, il suffit d'un deuxième miracle. Il serait aujourd'hui assez juste de dire que, par la béatification, l'Église autorise la vénération d'une personne dans un diocèse, dans une région donnée, et que, par la canonisation, elle invite tous les fidèles à la célébrer. Le père Paolo Molinari a été conseiller de Paul VI et de Jean-Paul II en la matière. Il reconnaît que béatification et canonisation signifient la même chose. « Je pense, j'espère que l'Église, le pape lui-même vont reconsidérer cette réduplication. Je vois la possibilité d'unifier les deux si le Saint-Père arrive à un moment où il est convaincu, à travers toutes les études qui ont été faites, que cette personne peut être présentée au monde entier (comme sainte). [...] Je pense qu'on est dans cette ligne[22]. » Toutefois, pendant qu'au Vatican, les théologiens réfléchissent aux conséquences d'une telle décision papale, pour des millions de personnes dans le monde, la distinction entre les deux n'existe déjà plus : elle est déjà sainte Mère Teresa de Calcutta.

Notes

1   *I heard that again and again. I heard people talking all over India and other parts of the world, saying that a person like Mother Teresa doesn't need a label from Catholic Church to call her a saint. She is a saint and she will be a saint.* (Extrait de l'interview accordée à Raymond Saint-Pierre, en juin 2003)

2   *Le Monde*, édition du 26 juillet 1999.

3   Avant la réforme des règles de la Congrégation pour la cause des saints, où tout était manuscrit, il n'était pas possible de changer un mot, une phrase des témoignages sans que le rapporteur y appose son sceau, attestant formellement qu'il y avait bien une faute ou que le changement découlait d'une décision du président du tribunal. L'informatique a tout changé, en rapidité mais aussi en exigence de conformité, car les témoignages doivent demeurer absolument fidèles et toujours être présentés dans leur intégralité.

4   *There is already among the people a reputation of holiness. Which is already considered the work of the Holy Spirit. It is not just a human evaluation. Then this whole form of process is the Church's discernment of that reputation of holiness among the people.* (Extrait de l'interview accordée par Mgr Sarno à Raymond Saint-Pierre, en juin 2003)

5   Interview accordée à Raymond Saint-Pierre, en juin 2003.

6   *Within a few months, I wrote to the Congregation for the cause of the saints, asking for the permission to start the process. The cardinal who is the prefect said: this is not done, you have to wait for five years. One of the reasons I gave was that many of the witnesses who might be able to testify for Mother Teresa were quite old and might die before the five years. And then, he advised that "you may take those testimonies unofficially without making a proper commission". That's where I ended my role in this matter. But, within two years, they wrote me on their own that the pressure from all over the world and that the Holy Father wanted the process to be started at once. They asked me to set up the tribunal and the commission to go ahead with the process.* (Extrait de l'entrevue accordée par Mgr de Souza à Raymond Saint-Pierre, en juin 2003)

7   *So, the Holy Father felt that, I would imagine, after consulting the various people, that in this specific case, that the arbitrary rule of five years was not necessary and that [...] her reputation of holiness and intercessory power had exploded after her death.*

8   *The Pope himself gave a dispensation of waiting for five years after the death to open the case. So he dispensed the time and asked the case to be open. And the case was open.* (Interview accordée à Raymond Saint-Pierre, en juin 2003)

9   Extrait de l'interview accordée à Raymond Saint-Pierre, en juin 2003.

10   *We had 113 oral witnesses. That means we had a questionnaire, roughly 263 questions, covering,*

since it's an inquiry on life, virtues and reputation of holiness [...] So, there was an abundance of people from which we could have chosen. So we had to try to find people who would be able to speak about all the different phases of her life, from birth until death. There was one criterion. And the other one was that people who could speak to different aspects or facets of her life, like government officials, foundations, within the Missionaries of Charity, different relationships with the Church, the bishop or with political leaders. (Extrait de l'interview accordée à Raymond Saint-Pierre à Rome, en juin 2003).

11   *That worked for almost two and a half years. And each day working for about ten hours, during the day, that is Monday to Friday. I would begin the work at 8 in the morning and end it around 7 in the evening, with a little lunch break. So that was enormous, quite strenuous. (Ibid.)*

12   *Their personal and historical reality allows people to experience that the Gospel and new life in Christ are neither a utopia nor a mere system of values, but "leaven" and "salt" that can bring to life the Christian faith, within and from within the different cultures, geographical areas and historical epochs.* (The lives of the saints show the world "the divine in the human, the eternal in time", 15 mars 2003, traduction libre. http://www.vatican.va/roman_curia/congregations)

13   Extrait de l'interview donnée à Raymond Saint-Pierre à Kolkata, en juin 2003.

14   Le père Trevor Picachy, jésuite, fut d'abord évêque de Jamshedpur avant de devenir archevêque de

Kolkata en 1969 et cardinal en 1976. Il est décédé en novembre 1992.

15 *They say people in hell suffer eternal pain because of loss of God. In my soul, I feel just this terrible pain of loss, of God not wanting me, of God not being God, of God not really existing. Jesus, please fogive the blasphemy... I can't lift my soul to God: No light, no inspiration enters my soul.* (Joseph Neuner, s.j., Mother Teresa's charism, *Review for religions*, September-October 2001, p.483.)

16 Interview accordée à Raymond Saint-Pierre, en juin 2003.

17 *Exorcism performed on Mother Teresa*, BBC News, 6 September 2001. http://news.bbc.co.uk/2/hi/south_asia)

18 L'un d'eux, Arun Shourie, rédacteur en chef du *Indian Express*, lui a reproché de ne parler que de la pauvreté en Inde : « Ce pays envoie des fusées dans l'espace, possède de brillants savants, est le premier exportateur au monde de programmes informatiques. [...] Mais non, elle a choisi de ne parler que de ses mouroirs et des orphelinats de Kolkata ». Texte de François Gauthier. http://sources. asie.free.fr. D'ailleurs, Mgr de Souza l'a implicitement reconnu dans une interview accordée à cet auteur : « Je le reconnais (que la canonisation va renforcer l'image d'une Inde pauvre), mais on ne peut pas occulter la pauvreté en Inde. Mère était une sainte des pauvres [...]. »

19 *Anybody who know about planes, when some personage of that public eye flies, obviously the airlines put them in first class — and she never bought a first class ticket — they put* *her in first class because it would be dangerous for the passengers if they knew that someone like Mother Teresa was sitting in row 23B. All the passengers would like to say hello. And so, they always put her in first class. [...] After the plane took off, often times what she would do is she'd go to the back in the economic section. She'd pick a person and she'd say: that seat up front there, that was meant for you. And she would move herself into coach class. How do I know that? Because one day I was flying from New York to Rome and, next to me, sat a former flying attendant on Pan American airlines and he told me that story. So we asked him to write a notarized letter explaining this kind of thing, her attitude about flying in first class.* (Extrait de l'interview accordée à Raymond Saint-Pierre à Rome, en juin 2003)

20 *All obstacles must be brought forward and must be studied and see whether they can be overcome. If they cannot be overcome, the case is stopped. (Ibid.)*

21 *In those kind of areas that were negative points or criticisms, we had to say what really did Mother Teresa, or not do as the case may be, and especially why she did or didn't do, whetever the question was. (Ibid.)*

22 Interview accordée à Raymond Saint-Pierre, en juin 2003. Les informations concernant la béatification et la canonisation sont tirées de cette interview.

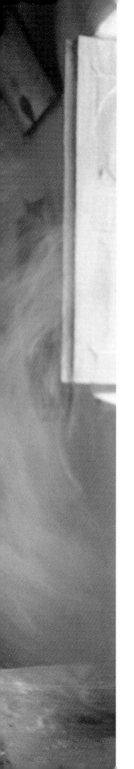

Le miracle

« Je me suis levée
et je me suis
sentie bien. »

chapitre 2

Monika Besra, miraculée, chez elle à Dangram, au Bengale-Occidental (Inde)

29 mai 1998. Une femme dans la trentaine, mère de cinq enfants, se présente à Navajivan, la maison des Missionnaires de la Charité, à Patiram, dans le nord du Bengale-Occidental. Elle a de la fièvre, vomit et souffre terriblement de maux de tête. Elle a le ventre gonflé comme si elle était enceinte de six mois. Les religieuses l'amènent à l'hôpital public de Balurghat, une ville importante, chef-lieu du district de South Dinajpur[1]. Le diagnostic est déjà connu, il a été établi trois semaines plus tôt à la suite d'un examen échogra-phique dans un autre hôpital, à Malda, localité située en banlieue de Balurghat : méningite tuberculeuse, maladie qui peut être foudroyante et mener au coma, et tumeur géante aux ovaires. D'hôpitaux en cliniques, la femme a, depuis trois mois, subi de nombreux tests; chaque fois, elle a été renvoyée chez elle avec des ordonnances de médi-caments contre la tuberculose. Malgré ces nombreuses visites médicales, la douleur persiste et la malade, désespérée, va frapper à la porte de l'hospice des Mission-naires de la Charité.

Monika Besra n'est pourtant pas chrétienne. Elle habite un petit village, Dangram, au Bengale-Occidental, à 735 kilomètres au nord-est de Calcutta. Elle est pauvre, a peu fréquenté l'école et parle le dialecte de sa communauté, connaissant peu le bengali, pourtant la principale langue du Bengale. Deux religieuses, sœur Bartholomea et sœur Ann Sevika, l'accueillent et, voyant son état de santé, la couchent dans un lit. À compter de ce jour et pour trois mois, les religieuses la prendront sous leur protection. Un après-midi, elles posent sur son ventre une relique que l'on dit être une médaille de la Vierge Marie qu'aurait touchée Mère Teresa. C'était le 5 septembre 1998, un an jour pour jour après le décès de Mère Teresa. Dès le lendemain, la douleur s'atténue pendant que le ventre reprend graduellement sa forme normale. Des témoins posent des questions à la malade : a-t-elle évacué du sang, une substance quelconque? « Non, répond-elle. Je me suis simplement levée et je me suis sentie bien[2]. » Au bout de quelques jours, la jeune femme a repris suffisamment de forces pour retourner dans son village et reprendre ses activités norma-les. Sans prendre la peine d'aller immédiatement voir un médecin. Elle y vit toujours, baignée de la culture animiste de son ethnie.

Cette guérison était le miracle qu'attendaient les Missionnaires de la Charité pour amorcer la démarche de béatification de Mère Teresa. Mais qu'est-ce qu'un miracle? Le dictionnaire en fait un événement « extraordinaire où l'on croit reconnaître une intervention divine bienveillante, auquel on confère une signification spirituelle[3] ». Définition que l'on retrouve sous diverses formes dans la littérature classique. Par exemple, Blaise Pascal : « Un effet qui excède la force naturelle des forces qu'on y emploie[4] [...] » ou, dans son *Histoire naturelle*, le comte de Buffon, pour qui la connaissance scientifique doit s'appuyer sur des faits d'expérience : « Rien n'explique mieux un miracle que l'impossibilité d'en expliquer les effets par les causes naturelles... » L'Église catholique, pour sa part, le définit aussi comme un fait qui échappe aux lois de la nature, mais elle a une explication : l'intervention de Dieu : « L'Église voit le miracle comme la confirmation divine de ce qui est simplement un jugement humain, dit Mgr Robert Sarno, théologien attaché à la Congrégation pour la cause des saints. Nous sommes des êtres humains et obéissons à diverses motivations. [...] Il nous est souvent difficile de concilier ce que nous faisons avec ce que nous pensons, ce que nous sentons, ce que nous croyons. [...] Comment alors connaître la véritable raison pour laquelle telle personne a fait telle action? [...] Voilà pourquoi le miracle est considéré par l'Église comme la confirmation que, oui vraiment, la personne est dans le ciel avec Dieu. C'est la confirmation d'un jugement humain, notamment sur les vertus héroïques de cette personne[5] ». Dans la préparation d'une cause de béatification, il devient par conséquent fondamental de démontrer qu'il y a eu miracle, mais également que ce miracle s'est produit grâce à l'intercession du candidat. Le miracle confirme en quelque sorte à la fois sa sainteté et son pouvoir d'intercession. La canonisation, qui est l'étape ultime de la sainteté, exige un deuxième miracle survenu après la béatification.

Dans l'enquête qu'il a faite en vue de préparer la requête en béatification, le postulateur de la cause, le père Brian Kolodiejchuk, a appliqué à l'étude du cas de Monika la même rigueur que dans la recherche des témoignages et des documents sur la vie de Mère Teresa : « Le miracle a suivi la même procédure... : collecte de (résultats d'examens de) radiographies, sonogrammes, documents de toutes sortes, d'avant et d'après la guérison », dit-il, conscient tout au long du processus qu'une fois rendu à Rome le dossier va être étudié par un comité de cinq médecins[6].

Son objectif? D'abord, démontrer que la guérison de Monika Besra ne pouvait s'expliquer, ni par des raisons naturelles, ni par des raisons scientifiques; ensuite, qu'elle n'a été possible que grâce à l'intercession de Mère Teresa. La preuve d'au moins un miracle était essentielle. Elle était cependant d'autant plus difficile à faire que la collaboration du corps médical n'était pas acquise et que l'Église témoigne d'une très grande prudence en la matière[7]. À Lourdes par exemple, « sur des centaines de guérisons constatées en près d'un siècle et demi, soixante-six ont été reconnues comme miracles par la hiérarchie catholique[8] ». Selon des normes qui remontent au

XVIIIᵉ siècle, sous le règne du pape Benoît XIV, il n'y a « miracle » que si, avant la guérison, le diagnostic est particulièrement sévère, presque désespéré, s'il n'y a aucune thérapie et si la guérison est immédiate, complète, durable et scientifiquement inexplicable. Mgr Henry de Souza, ancien archevêque de Calcutta, applique ces normes au cas de Monika : « (La guérison) doit être organique[9]. Elle doit être immédiate. Elle doit être directement attribuable à une intercession de Mère Teresa[10]. » Selon Mgr de Souza, plusieurs miracles pourraient déjà être attribués à la fondatrice des Missionnaires de la Charité dont un en France, un autre à Jérusalem et un troisième, qu'il n'identifie pas, mais qu'il connaît bien. Ces derniers miracles, pour certaines raisons, ne répondaient pas aussi clairement à la définition que la guérison de Monika Besra. « Et c'était un bon choix, ajoute le prélat. Parce qu'il s'est produit en Inde, au Bengale, et que la personne qui a été guérie n'était pas catholique, pas plus que les médecins qui l'ont examinée. C'était d'une certaine manière un miracle très crédible pour nous, et nous l'avons retenu[11]. »

L'histoire médicale de Monika Besra s'est échelonnée sur près

Monika, au champ

d'un an. À l'automne de 1997, elle commence à avoir des problèmes de santé : maux de tête, fièvre, vomissements. Les symptômes persistent, accompagnés d'une enflure du ventre et d'une absence totale du flux menstruel (aménorrhée). Fin de février, début de mars 1998, sa sœur Kanchan, une infirmière, la conduit à l'hôpital Holy Cross de Rajibpur où elle travaille. La radiographie de la poitrine décèle la présence d'une masse opaque du côté gauche. Au bout d'un mois, on la renvoie chez elle, mais les douleurs ne se sont pas atténuées. Son mari, Salku Murmu, la ramène à l'hôpital, sans plus de résultat. Jusqu'en juin, Monika consulte dans différents hôpitaux où, après examen, elle est chaque fois retournée chez elle avec de plus en plus de médicaments à prendre. N'en pouvant plus, le 29 mai, elle se présente à Navajivan.

Lorsque, le 11 juin, les religieuses la conduisent dans l'aile des tuberculeux de l'hôpital public de Balurghat, le Dr Tarun Kumar Biswas — qui, plus tard, contestera l'hypothèse du miracle — confirme la méningite, lui prescrit une très forte médication et, au bout d'une semaine,

la renvoie en lui remettant un dossier de référence pour d'autres hôpitaux. Ce sont les Missionnaires de la Charité qui lui administrent ses médicaments, dont des injections de streptomycine. Le 6 août, un gynécologue, le Dr Ranjan Mustaphi — qui, lui aussi, contestera le miracle — pose un diagnostic clinique : tumeur ovarienne. Il prescrit une échographie qui aura lieu deux jours plus tard. Le rapport du radiologiste, le Dr A. Chakorborty, est clair : une masse importante située dans le bas de l'abdomen cache l'utérus[12]. Selon les sœurs, Monika ne peut plus marcher ni même satisfaire ses besoins élémentaires. Le 31 août, elle est inscrite pour des tests au North Bengal Medical College and Hospital en vue d'une laparotomie, c'est-à-dire une opération chirurgicale majeure de l'abdomen.

Le 5 septembre, dans l'après-midi, la supérieure de la communauté, sœur Bartholomea, convoque une autre religieuse, sœur Ann Sevika, pour lui dire : « Prions pour Monika. Il est possible que Mère la guérisse. » Elle raconte ainsi comment l'invocation s'est faite : « J'avais une médaille miraculeuse qui avait été en contact avec le corps de Mère (Teresa). Nous l'avons placée sur la poitrine de Monika, en lui imposant les mains. Il y avait un autre patient, Habil (Hansda), qui était avec nous. [...] Nous avons récité neuf *Memorares*, une prière que Mère aimait beaucoup. [...] Nous avons ensuite attaché la médaille à la taille de Monika. Elle était calme et dormait. Après un moment de silence, nous sommes retournées au couvent[13]. » Très tôt le lendemain matin, la malade n'avait plus de douleur et le gonflement de son abdomen avait disparu. « Vers une heure du matin, je me suis levée comme d'habitude et je me suis sentie plus légère, dit-elle. Je n'avais plus de douleur. J'ai touché mon abdomen. Je ne pouvais trouver la tumeur. J'ai informé la personne qui occupait le lit voisin du mien. [...] Après tant de jours, j'ai bien dormi. Le matin, j'ai parlé de tout cela à Martha (Hansda) et à sœur Rosmina[14]. » Son témoignage est confirmé par Simra Tadu qui était couché dans le lit voisin : « En pleine nuit, elle s'est levée et m'a dit qu'elle ne ressentait aucune douleur et qu'elle se sentait mieux. J'ai touché et j'ai senti qu'elle était normale[15]. » Lorsque

sœur Rosmina est venue le matin lui donner ses injections de streptomycine, elle l'a trouvée debout, dans la véranda, attendant de prendre de l'eau. Quand Monika lui a dit qu'elle était bien, la religieuse l'a immédiatement ramenée à son lit pour l'examiner. « J'ai touché et j'ai vu son ventre. Il était correct. », a-t-elle déclaré devant le tribunal[16].

Trois semaines plus tard, le 29 septembre, les sœurs conduisent Monika auprès du Dr Mustaphi. Constatant l'état de celle qui avait été sa patiente deux mois auparavant, le médecin annule l'opération et demande qu'elle subisse une échographie dans quelques mois. Ce dernier examen passé, dans un rapport écrit daté du 16 juin 1999, il explique : « La patiente est venue me voir le 6 août avec une masse à l'abdomen. Elle était souffrante. Cliniquement, nous avons pensé à un kyste ovarien ou à une péritonite tuberculeuse. Une échographie a été prescrite qui a démontré la présence d'un kyste ovarien. La patiente a été référée au N.B. Medical College pour une laparotomie. Sur place, on a fait le même diagnostic. Comme elle souffrait de méningite tuberculeuse, on lui a prescrit des médicaments à cette fin. Un mois après, le 29 septembre, nous n'avons pu trouver aucune tumeur. Elle a continué à prendre sa médication. À l'échographie du 29 mai 1999, il n'y avait pas de kyste ovarien. Elle est maintenant rétablie[17]. » Les résultats de ce dernier examen sont formels : les reins, la vessie, l'utérus ont retrouvé leur état normal. La masse tumorale a disparu! Le 1er avril, sœur Nirmala, supérieure générale des Missionnaires de la Charité, annonçait à tous les membres de sa communauté que la cause pour la béatification de Mère Teresa était officiellement ouverte.

Le miracle s'est produit à Patiram, dans le diocèse de Raiganj, à quelque 450 kilomètres de Calcutta. L'évêque du lieu, Mgr Alphonsus F. D'Souza[18], jugea qu'il n'avait pas les ressources nécessaires pour créer une commission d'enquête à son sujet, et c'est le Vatican qui a demandé à l'archevêque de Calcutta de prendre en charge l'opération. Celui-ci fait de nouveau appel à Mgr Salvador Lobo, évêque de Baruipur, qui a présidé la première commission sur les témoignages et les documents. Les travaux de cette deuxième commission présentent beaucoup moins de difficultés que la première et sont moins considérables. Elle a entendu les témoignages d'un peu plus d'une vingtaine de personnes : la miraculée tout d'abord, préalablement examinée par un médecin qui a confirmé la permanence de la guérison, les témoins qui étaient près d'elle lorsque le miracle s'est produit et environ 18 médecins, certains venant de Balurghat et qui ont traité Monika, les autres, agissant à titre de témoins experts. Parmi ces médecins, trois gynécologues. L'un d'eux soutient que le diagnostic d'une tumeur ovarienne était erroné et qu'il s'agissait plutôt d'une péritonite tuberculeuse qui peut être guérie par des médicaments. L'autre, par contre, est incapable d'expliquer comment les médicaments peuvent faire disparaître un tel kyste en si peu de temps. Le troisième, un expert, nuance son propos en disant qu'à défaut d'une chirurgie, la disparition du kyste en une nuit est inexplicable, « à moins qu'il n'ait éclaté ». Un autre médecin, chirurgien et urologue, croit pour sa part qu'il s'agissait bien d'une tumeur ovarienne et que sa diminution

de volume ne peut s'expliquer en termes médicaux. « Si elle avait éclaté, l'abdomen aurait été plein d'eau et très douloureux », a-t-il dit en substance.

La lecture des témoignages des médecins qui ont accepté de se présenter devant la commission d'enquête donne une idée de la perplexité du corps médical devant le cas Besra[19].

Un gynécologue-obstétricien : « Elle ne pouvait pas être opérée, car elle était cliniquement dans un état très grave[20]. »

Un autre gynécologue-obstétricien : « Elle a pris beaucoup de médicaments, mais il est peu probable que la tumeur puisse avoir disparu en si peu de temps avec les médicaments[21]. »

Un radiologiste : « Il n'y a pas de phénomène analogue dans la littérature médicale au sujet d'un aussi gros kyste ovarien.[...] La régression spontanée d'un kyste ovarien n'est pas possible sans qu'il y ait des complications[22]. »

Un troisième gynécologue-obstétricien : « La méningite tuberculeuse peut engendrer une péritonite tuberculeuse qui montre des symptômes semblables à ceux d'une tumeur et qui disparaît après absorption de médicaments contre la tuberculose[23]. »

Un chirurgien : « Habituellement, avec une thérapie antituberculose, une masse tuberculeuse met de trois à quatre mois à se dissoudre complètement, mais le traitement doit se poursuivre de neuf à douze mois. À mon avis, il s'agissait d'une tumeur ovarienne. Si elle a diminué de volume, je ne puis l'expliquer en termes médicaux[24]. »

Un pneumologue : « Si (une tumeur) est traitée avec des médicaments antituberculose, il devrait rester une cicatrice. Mais, autant que la radiographie le montre, tout est normal... En ce qui concerne la tumeur ovarienne, je n'ai aucune explication[25]. »

Un oncologiste, spécialiste des soins palliatifs : « Il est possible que la tumeur disparaisse totalement. Cela prend un mois ou quelques semaines, mais pas en une journée. [...] En une nuit? Je n'ai pas d'explication[26]. »

Les témoignages des médecins n'étaient donc pas unanimes et, selon Mgr Robert Sarno, il est bien qu'il en soit ainsi : « Toutes les preuves, pour et contre le miracle, le supposé miracle, doivent être évoquées. Nous ne devons pas avoir l'impression que, seules, les choses qui sont favorables à la canonisation ou en faveur du miracle l'ont été. [...] La législation est très claire à ce sujet[27]. »

La commission siège quatorze mois, de novembre 1999 à janvier 2001. Son rapport final, d'environ 450 pages, accompagné de tous les documents médicaux pertinents, est envoyé à la Congrégation pour la cause des saints. Celle-ci retient les services de deux médecins qui, dans des démarches totalement indépendantes, étudient le dossier en profondeur, dans une analyse strictement professionnelle de l'état de santé de la malade avant et après le 5 septembre. D'ailleurs, ce sont presque toujours des médecins qui sont approchés pour agir à titre d'experts puisque la quasi-totalité des miracles est d'ordre physique. La règle veut que, si au moins l'un des deux estime qu'il n'est pas possible d'expliquer la guérison de façon scientifique, la cause se poursuive et leurs rapports écrits sont soumis pour évaluation à trois autres médecins experts. Les cinq médecins se retrouvent ensuite pour débattre du dossier et voter à son sujet. Dans le cas de Monika,

« La guérison de Monika Besra a été instantanée, complète, permanente et elle ne peut s'expliquer de façon scientifique. »

alors que trois auraient suffi, les cinq membres de la commission médicale de la Congrégation concluent à l'unanimité, le 19 juin 2002, que la guérison de Monika Besra a été instantanée, complète, permanente et qu'elle ne peut s'expliquer de façon scientifique. Il ne leur appartient pas de dire s'il y a miracle ou pas : leur expertise est d'ordre purement scientifique. La Congrégation prépare alors une *positio*

qu'elle soumet à un groupe de théologiens. Leur tâche consiste à vérifier si la guérison est survenue grâce à l'intercession de Mère Teresa. Les conditions de la guérison ne laissent aucun doute dans leur esprit et le dossier se retrouve devant un groupe d'une vingtaine de cardinaux et d'évêques. Alors qu'une majorité des deux tiers aurait suffi, en deux séances, les 6 septembre et 1er octobre 2002, les prélats statuent à l'unanimité que la guérison de Monika est un miracle, obtenu grâce à l'intercession de Mère Teresa. Le dossier est, enfin, remis au pape qui l'approuve et qui, le 20 décembre 2002, promulgue deux décrets, l'un reconnaissant que Mère Teresa a exercé les vertus chrétiennes de façon héroïque, l'autre, qu'un miracle a été obtenu par son intercession.

Si, à l'intérieur de la Congrégation pour la cause des saints, la cause a rencontré une unanimité sans faille, il en fut autrement ailleurs, et singulièrement parmi les médecins indiens. Certains, qui ont traité Monika, ont contesté l'hypothèse du miracle. L'un d'eux, le Dr Tarun Kumar Biswas, a soutenu que Monika avait bien une masse dans l'abdomen, mais qu'il ne s'agissait pas d'une tumeur de grosseur exceptionnelle : « En tout respect pour Mère Teresa, on ne doit pas parler ici de miracle[28]. » Le gynécologue, Ranjan Mustaphi, a pour sa part dit qu'« elle répondait bien à son traitement[29] ». Le directeur de l'hôpital de Balurghat, le Dr Mansur Murshed, est allé plus loin. Il a soutenu que les Missionnaires de la Charité avaient exercé des pressions sur les médecins de son institution pour qu'ils appuient la thèse du miracle : « Elles voulaient que nous disions que la guérison dépassait la compréhension de la science médicale[30] », a-t-il dit. Selon lui, Monika a reçu des traitements antituberculeux pendant neuf mois pour une tumeur à l'abdomen et elle a guéri. Ces médecins, et d'autres qui écartaient le miracle comme explication de la guérison, n'ont cependant pas daigné venir témoigner devant la commission d'enquête diocésaine. Notamment, ceux qui avaient traité la malade. Pourquoi? Le Père Brian répond : « Ils ont été invités. Nous les avons attendus pendant des mois afin qu'ils aient la chance (de faire connaître leur point de vue). Pour des raisons qui leur sont propres, ils n'ont pas voulu être impliqués dans l'enquête de l'Église. [...] Enfin, je pourrais en dire davantage, mais je ne crois pas qu'il soit approprié de le dire à la télévision[31]. » Mgr Lobo, qui a présidé la commission d'enquête, confirme les propos du postulateur : « Certains médecins de l'endroit où elle a été soignée ont été appelés à venir témoigner. Ils m'avaient assuré qu'ils viendraient. Le ministre responsable a été contacté plusieurs fois et il m'a assuré qu'il ferait tout son possible pour obtenir leur opinion. Et ils ne sont pas venus. [...] J'ai finalement arrêté la procédure, expliquant pourquoi celle-ci se terminait sans que ces deux médecins aient été entendus[32] ».

Les contestations ne sont pas venues uniquement du milieu médical. Les protestations de certains groupes, dont celui des rationalistes indiens, ont été telles que le gouvernement du Bengale-Occidental a ordonné une enquête sur le miracle, qui fut présidée par un magistrat, Goutam Ghosh, du district de South Dinajpur. Après avoir rencontré des médecins, des membres de la famille de Monika et des gens de son village, l'enquêteur a conclu : « La tumeur de Monika Besra a été guérie par la science médicale. [...] Toute prétention voulant que ce cas échappe à la compréhension de la science médicale est sans fondement[33]. » Le ministre actuel du Bengale-Occidental, Surjya Kanta Mishra, s'est lui-même demandé, publiquement, comment on pouvait, au XXIe siècle, parler de « guérisons miraculeuses ». Son prédécesseur, Partho De, a pour sa part prétendu qu'il avait été contacté par « des agents » du Vatican pour qu'il désigne un médecin qui reconnaîtrait le miracle. Il a alors fait venir le dossier de Monika et l'a fait analyser par des spécialistes de Calcutta. Sa conclusion a été que la guérison ne pouvait que résulter d'un traitement prolongé et adéquat.

Monika Besra est pourtant catégorique : « Pendant deux mois, j'ai souffert de douleurs intenses et je pleurais. Je ne pouvais dormir. Je ne pouvais que me coucher du côté gauche et ne pouvais me tenir droite, a-t-elle déclaré dans un document qui a été envoyé à Jean-Paul II. Les religieuses m'ont donné des médicaments, mais la douleur était toujours là. J'ai prié sans cesse Mère Teresa, dont la photo était au mur, en face de mon

lit[34] ». Mais les critiques contestent même cette déclaration de la miraculée : elle a été écrite par une religieuse, soutiennent-ils, car Monika est une illettrée et ne parle que le santhali et quelques bribes de bengali. Le mouvement rationaliste, fort actif dans la controverse, n'en a pas uniquement contre les catholiques. Il s'attaque à toutes les croyances et, en Inde, elles sont nombreuses. Ce pays, dont la civilisation remonte au IVe millénaire avant Jésus-Christ, a fait siennes, à travers les âges et les invasions musulmanes et mongoles, un nombre considérable de religions. Chacune de ces religions, y compris l'hindouisme, pratiqué par plus de 80 pour cent de la population, puise sa foi dans des croyances que dénonce le mouvement qui, comme tous les mouvements rationalistes du monde, n'accepte comme vérité que ce qui se démontre par la raison ou l'expérience. Son chef est fort connu en Inde : Prabir Gosh, dans la cinquantaine, est l'auteur d'une douzaine d'ouvrages dont l'un s'intitule *Why I Don't Believe in God*. C'est tout dire! Cible d'une dizaine de tentatives d'assassinat, il n'en continue pas moins de pourfendre gourous,

maîtres spirituels hindous, prêtres, fakirs, « tous des charlatans! ». « Je n'ai rien à dire si on la proclame sainte pour tout le travail considérable qu'elle a fait parmi les pauvres, dit-il, mais elle est incapable de faire un miracle. C'est une insulte à Mère Teresa de faire dépendre sa sainteté de quelques miracles stupides[35]. » Gosh a promis de fermer son association de rationalistes et de remettre 40 000 $ aux Missionnaires de la Charité si elles acceptent de faire subir un test à la médaille miraculeuse et de lui faire guérir une autre tumeur. Il ne faut pas se surprendre que les religieuses aient préféré se murer dans un silence total, refusant même de révéler le dossier médical de Monika qu'elles ont en leur possession.

Selon le résumé de son témoignage qui est reproduit sur le site Internet, le mari de Monika, Salku Murmu, aurait dit devant la commission : « Un jour, la sœur de Monika est venue me dire que Monika était guérie et qu'il n'y avait plus de kyste. Elle m'a dit que c'était à cause des prières et de Mère. Je suis allé à Patiram et j'ai vu Monika. Elle semblait mieux. [...] Tout ceci est arrivé à cause de la prière. Je crois que c'est à cause de Mère Teresa[36]. » Mais dans une interview qu'il a accordée plusieurs mois plus tard au magazine *Time Asia*, Salku dit ne plus croire au miracle! « On fait beaucoup de bruit avec rien, a-t-il dit au journaliste. Ma femme a été guérie par des médecins, pas à la suite d'un miracle. » En tout cas, le bonheur est devenu fragile dans la maison des Murmu. D'abord, sa femme est devenue catholique. Et puis, il est profondément ennuyé par la popularité soudaine de sa femme et les intrusions des journalistes dans sa vie privée : « Je veux que cessent toutes ces manifestations, ces défilés de personnes qui, à toute heure, s'amènent avec leur caméra[37] », dit-il.

L'ambivalence de Salku devant la guérison de sa femme peut s'expliquer. Pour la comprendre, il faut se rendre dans son village. Nous sommes au cœur du pays santhal. Les habitudes de vie, les croyances, la conception de la maladie et de la médecine y sont aux antipodes de tout ce qui peut s'identifier à une intervention divine dans une guérison. Au contraire, pour les Santhals, l'être humain a un droit tout naturel à la santé : il est fait pour vivre vieux et mourir de mort naturelle. La maladie, si elle survient, est le résultat d'une mauvaise action, du non-respect des conventions sociales, dans cette société remarquablement bien organisée. Et ce sont justement les interventions des mauvais esprits, des êtres surnaturels appelés *bongas*, qui peuvent venir perturber la vie normale d'une personne. Or, ces mauvais esprits sont nombreux dans leurs croyances. C'est pourquoi il y a, dans les villages, des prêtres, sorte de sorciers à la fois devins, magiciens, exorcistes, grands spécialistes d'invocations, d'incantations et de formules magiques. Ces sorciers pratiquent aussi la « médecine »; le massage fait partie de leur trousse, ils savent appliquer cata-

« Tout ceci est arrivé à cause de la prière. Je crois que c'est à cause de Mère Teresa. »

Salku, mari de Monika et deux de leurs enfants

plasmes et compresses, ils peuvent brûler au fer rouge une partie infectée du corps, etc. Chez les Santhals, on pratique la médecine traditionnelle, c'est-à-dire à base de plantes et d'herbes que l'on broie et que l'on mélange à d'autres produits, de l'eau ou de l'huile de moutarde. Les médicaments sont souvent administrés par le sorcier, mais ils sont aussi gardés dans les familles qui les utilisent comme bon leur semble, sans le concours du sorcier. L'eau qui sert à la fabrication des médicaments vient du ciel : c'est la rosée du matin qu'on ramasse en traînant un chiffon sur l'herbe ou, lorsqu'il y a tempête de grêle, ce sont les grêlons que l'on conserve dans des bouteilles pour une utilisation éventuelle. Dans ces formes de thérapie, les amulettes jouent également un rôle important. Les Santhals leur attribuent des vertus anticholéra; ils se les accrochent au cou, aux bras ou se les appliquent sur la poitrine[38]. Les Santhals, au nombre de cinq à six millions en Inde, vivent d'agriculture, des produits de la forêt, de la chasse, de la pêche, de l'élevage et d'emplois dans des mines voisines.

C'est dans cet univers où toute source de vie, de santé et de bonheur vient de l'air, des pierres, de l'eau et de la terre que la nouvelle rejoint Salku Murmu de la guérison de sa femme par une intervention divine. Sa femme est devenue une célébrité alors qu'il est coincé entre sa culture, la science médicale et une religion dont il n'a probablement que peu entendu parler. Comment se surprendre de sa confusion, comment ne pas comprendre qu'il soit irrité et qu'il souhaite en finir en banalisant une guérison dont il est beaucoup plus simple de dire qu'elle est le résultat d'un bon traitement médical? « Ce miracle est une farce. Nous ne sommes pas des menteurs! » s'est-il exclamé devant le journaliste du *Time Asia*, soulignant que son honneur était en jeu, pendant qu'à ses côtés, Monika demeurait silencieuse, attentionnée à ses cinq enfants.

L'ancien archevêque de Calcutta, initiateur de la cause, répond à ceux qui contestent l'authenticité du miracle : « On a fait des efforts pour répandre cette désinformation. Les médecins ont dit qu'ils l'ont examinée avant et après, mais ils n'ont pas fait état du moment, des dates. [...], dit Mgr de Souza. « Elle était à l'hospice de Mère Teresa. [...] Il y a eu la disparition de cette masse organique qu'elle avait dans le ventre. [...] C'était le jour anniversaire de la mort de Mère Teresa [...]. Elle n'est pas allée voir un médecin à ce moment-là et il y avait, à l'hospice, tous ceux qui l'avaient vue avant et après [...]. Et quand elle est finalement allée voir un médecin, il a dit : Oh oui, nous vous avons donné des médicaments et vous êtes guérie! Il n'y a pas de miracle. Mais un miracle, c'est autre chose[39]!

La contestation du miracle n'a pas été confinée à l'intérieur des frontières de l'Inde. Les circonstances dans lesquelles il s'est produit et la rapidité avec laquelle le Vatican l'a reconnu allaient vite venir alimenter les critiques à l'égard de la religieuse dans le reste du monde et relancer la charge de ses dénigreurs de toujours. Un incident, survenu en 1969, vaut d'être raconté, car il illustre bien à quel point certains, près de trente ans avant sa mort, croyaient reconnaître en

La contestation du miracle n'a pas été confinée à l'intérieur des frontières de l'Inde.

Mère Teresa des pouvoirs d'intercession alors que d'autres s'acharnaient déjà à ternir sa réputation. Le journaliste Malcolm Muggeridge[40], de la BBC, débarque à Calcutta, accompagné du réalisateur Peter Chafer et du caméraman Ken MacMillan. Il réussit, après avoir beaucoup insisté, à convaincre Mère Teresa de lui laisser faire un reportage sur elle et sa communauté. Mais il y a un problème : dans le Mouroir, l'éclairage ne permet pas de filmer, et sur ce point, le caméraman est formel. Muggeridge y tient malgré tout. « Or, au développement, nous dit la biographe Monique de Huertas, MacMillan constatera avec stupéfaction que la lumière chiche a produit quelque chose de merveilleux, d'absolument inattendu. Muggeridge conclut : " Je pense que Ken a enregistré le premier miracle photographique authentique[41] "». Cet incident allait alimenter la hargne du principal critique de Mère Teresa, Christopher Hitchens, qui, deux ans avant la mort de Mère Teresa, écrivait dans une chronique de magazine : « La lumière particulière qui illuminait les images était plutôt attribuable à un nouveau film Kodak conçu spécialement pour utilisation dans des conditions de faible lumière[42]. » Hitchens, qui ne fait pas mystère de son athéisme, est demeuré perturbé par l'incident. Il y est revenu plusieurs fois, notamment lors d'une interview publiée dans un autre magazine où il dénonce la crédulité de Muggeridge[43] : « La lumière dans le film était plutôt bizarre et, comme le caméraman allait le signaler, Muggeridge s'est exclamé : " C'est un miracle. C'est la lumière divine! " ». Il a accusé le journaliste d'être devenu le propagandiste de Mère Teresa. Pourtant, Malcolm Muggeridge ne s'est converti au catholicisme qu'en 1982, à l'âge de 79 ans.

Il s'agit, bien sûr, d'une prise de bec relativement banale, mais elle témoigne de l'importance du débat qui s'engage dès que le mot « miracle » est prononcé. La campagne négative des rationalistes indiens, par exemple, qui sont disposés à reconnaître la sainteté de Mère Teresa pourvu qu'on ne parle pas de miracle, en est une illustration. Même à l'intérieur de l'Église et dans les milieux proches du Vatican, des théologiens s'interrogent depuis un certain temps sur l'utilité d'en tenir compte dans un processus de béatification. La preuve du miracle est-elle toujours nécessaire, aujourd'hui, dans un monde généralement sceptique devant tout ce qui échappe au raisonnement? À un journaliste qui lui demandait si, au XXIᵉ siècle, il n'était pas un peu gênant d'exiger un miracle avant de canoniser une personne comme Mère Teresa, Mgr de Souza a répondu : « C'est une vision occidentale de voir les choses : il n'existe rien au-delà de la science, je ne crois que ce que je vois! Ces gens-là pensent que la sainteté de Mère Teresa découlait uniquement de la bonté de son cœur et non de la Grâce surnaturelle de Dieu. Mais le peuple indien, tout spécialement hindou, croit en une divinité au-delà de l'humanité, il a le sens de la présence divine[44] [..]. » Par ailleurs, le père Albert Huart, qui fut conseiller spirituel de Mère Teresa, répond que, quant à lui, « le miracle est tout à fait secondaire. La canonisation, pour moi, c'est la déclaration par l'Église qu'il y a eu un miracle de grâce, la manifestation de l'amour de Dieu très évident dans un cœur humain. C'est l'essentiel. Pour moi, le

> Le peuple indien, tout spécialement hindou, croit en une divinité au-delà de l'humanité, il a le sens de la présence divine.

miracle serait secondaire. L'Église le demande. Mais si, demain, elle disait : on ne demande plus de miracle, ça ne me troublerait

Monika en prière

pas du tout. Au contraire, je serais plutôt content[45] ». Au Vatican, la question est évidemment délicate. Dans le cas de Mère Teresa, malgré le poids du sentiment populaire qui aurait pu suffire, le pape tenait à la démonstration du miracle. Le père Paolo Molinari, un conseiller écouté, tant de la papauté que de la Congrégation pour la cause des saints, reconnaît que la réflexion sur le sujet se poursuit : « J'en ai parlé à Jean-Paul II, on a discuté des miracles [...], confie-t-il. L'expression qu'il a utilisée est : " même si on est arrivé à une conclusion positive dans toutes les étapes, je veux avoir une confirmation de Dieu ". Confirmation de quoi? " Que le jugement que des hommes ont passé (sur les vertus de Mère Teresa) correspond à ta pensée, mon Dieu! " [...] Seul Dieu peut faire des miracles, alors Dieu confirme le jugement humain[46]. »

L'obligation du miracle tel qu'il est généralement perçu, c'est-à-dire dans sa manifestation physique, pourrait bien disparaître pendant le règne du prochain pape, au profit de signes moins spectaculaires, qui n'en attesteraient pas moins la sainteté d'une personne. Pourquoi faudrait-il toujours que l'Église ait à démontrer l'existence d'un fait qui « échappe aux lois de la nature », qui n'a pas d'explication scientifique? Se pourrait-il que des faits miraculeux, reconnus comme tels il y a un, deux ou cinq siècles, puissent trouver aujourd'hui leur explication dans une science nouvelle ou considérablement évoluée? Nombreux sont ceux qui croient que le miracle de Monika Besra n'apporte rien à la sainteté de Mère Teresa. Pour eux, elle était déjà sainte de son vivant, car elle a contribué à transformer intérieurement tant de personnes qui l'ont côtoyée. Tout le reste appartient au rituel.

Le tombeau de Mère Teresa

administrés par un gouverneur nommé pour cinq ans par le président de la fédération. Les villes sont sous la responsabilité d'organismes municipaux tandis que les zones rurales relèvent de conseils qui opèrent à trois niveaux, celui du district, du quartier et du village. Ces conseils ont notamment la responsabilité des systèmes de santé.

Notes

1   L'Inde est une fédération composée de vingt-cinq États, dont le Bengale-Occidental, et de sept territoires. Ces États sont administrés par le gouvernement central et certains ont une population considérable : l'Uttar Pradesh, 140 millions d'habitants, le Bihar, 90 millions... Le Bengale-Occidental, pour sa part, compte près de 70 millions d'habitants, deux fois celle du Canada. Les États sont

2   Propos rapportés par Mgr Henry S. de Souza, ancien archevêque de Calcutta.

3   *Le Grand Robert de la langue française*, vol. IV, p. 1510.

4   *Pensées XIII, 804.*

5   *The Church regards a miracle as divine confirmation of what is simply a human judgment. We're human beings and, as such, we live by mixed motivations. [...] Often times, we see the difficulty in making our external acts express what we think and feel and believe internally. [...] How do we know the real reason why the person did the act? [...] That is why the miracle is regarded by the Church as divine confirmation that, yes indeed, the person is present in*

heaven with God. [...] So it's divine confirmation of a human judgment, namely the heroic virtues of an individual. (Interview accordée à Raymond Saint-Pierre à Rome, en juin 2003)

6   *The miracle follows the same kind of procedure as the gathering of the datas, so the testimonies. And then, the evidence, let's say, an X-Ray, a sonogram, whatever there is, documents, anything like that, that is the proof of before and after.* (Interview accordée à Raymond Saint-Pierre à Rome, en juin 2003)

7   Dans le cas d'un martyr, la démonstration d'un miracle n'est pas indispensable à la béatification. La Congrégation pour la cause des saints tient pour acquis que le fait de donner sa vie pour sa foi est une preuve suffisante pour être béatifié. Mais les choses ne sont pas pour autant aussi simples. Comment faire la preuve que quelqu'un a vraiment été tué à cause de sa foi? Le cas des moines de Tibehirine, en Algérie, est éloquent à cet égard. Dans la nuit du 26 au 27 mars 1996, sept moines cisterciens sont enlevés de leur monastère par une vingtaine d'hommes armés. (Voir : « Hypothèse sur la mort des moines de Tibéhirine », Armand Veilleux, *Le Monde*, 24 janvier 2003). Deux mois plus tard, les autorités algériennes retrouvent seulement leurs têtes. Un communiqué du Groupe islamique armé (GIA) révèle qu'ils ont été exécutés « en haine de la foi chrétienne ». Mais il suffit d'un doute sur l'authenticité du communiqué et quelques questions demeurées sans réponse pour que leur cause piétine : s'ils ont été exécutés « en

haine de la foi », pourquoi ne l'ont-ils pas été, immédiatement, au monastère? Pourquoi les ravisseurs ont-ils d'abord demandé un échange de prisonniers? Pourquoi de nombreuses personnes persistent-elles à croire que ce drame est un coup monté pour faire la démonstration des dangers de l'islamisme?

8   *Le Monde*, « Horizons », édition du 25 décembre 2002.

9   Organique : qui est en relation avec une lésion affectant les structures ou les fonctions d'un organe. Ex. : trouble organique, par opposition à trouble fonctionnel. (*Le Grand Robert de la langue française*, vol. IV, p. 2225)

10   *It has to be organic, it has to be immediate. It had to be directly by Mother Teresa's intercession and so on.* (Interview accordée à Raymond Saint-Pierre, en juin 2003)

11   *It was a good choice. Because it was in India, it was in Bengal and it was on somebody who isn't a catholic and therefore, the doctors who examined that lady were also not catholics. In some way, it was a very credible miracle for us to use as a miracle. (Ibid.)*

12   *Written Report of Ultrasonography: Uterus: body and fundus of uterus is mostly obscured by a Space Occupying Lesion (SOL). This cyst extended from pelvis to lower part of abdomen.* (http://motherteresacause.info/miracle.htm)

13   *I had a miraculous medal (of the Blessed Virgin Mary) touched to Mother's body that we kept on her stomach. We laid our hands on her stomach and another patient was there. Habil was with us to pray. [...]*

Then we prayed out loud nine Memorares, because Mother loved this prayer very much. [...] After that we tied the medal to Monika's waist. I looked at Monika's face. It was looking relaxed and she was sleeping. We kept silence for a while and moved out to the convent. (Témoignage rapporté sur le site Internet http://motherteresacause.info/miracle.htm)

14 *At night, around 1 o'clock, I woke up as usual and I was feeling lighter and with no pain. I touched my abdomen. I could not find the tumor. I informed my bedside neighbour [...]. After so many days, I slept well. Next morning, I spoke to Martha and Sr. Rosmina about this.* (Témoignage de Monika Besra devant le tribunal d'enquête diocésain de Calcutta, rapporté sur le site Internet précité)

15 *At night, she got up, she told me that she had no pain and she was feeling better. So, I touched and felt that she was normal. (Ibid.)*

16 *I touched and saw her stomach. It was okay. (Ibid.)*

17 *The patient came to me on 6.8.98 with H/O Lump abdomen with pain. Clinically she was thought to be a case of Ovarian Cist? TB Petironitis? USG was advised and showed Ovarian cyst. Patient was referred to N.B. Medical College for paratomy. She was examined there and diagnosis was same. As she had TB Meningitis she was put on ATT drug. On month after on 29.9.98, no tumor was found ans she was continued ATT x 9 months. Repeat USG on 29.5.99. No ovarian cyst. Now she is okay.* (Motherteresacause.info/miracle.htm)

18 À ne pas confondre avec Mgr Henry de Souza. Le premier est évêque du diocèse de Raiganj depuis 1987 alors que l'autre a été archevêque de Calcutta de 1986 à 2002.

19 À défaut de pouvoir obtenir le rapport complet des témoignages, qui demeure confidentiel, force a été de nous fier à son résumé *The Power of God's Love : A Miracle obtained through the intercession of Mother Teresa.* (http://motherteresacause.info/miracle.htm) Le père Brian Kolodiejchuk, postulateur de la cause, nous a par ailleurs garanti l'exactitude des témoignages qui y sont rapportés.

20 *She could not be operated because she was so bad clinically.*

21 *She had taken a lot of drugs, but within this short period it is most unlikely to have disappeared with the medications.*

22 *No such phenomenon is available in medical literature in the case of such a big ovarian cyst. [...] The spontaneous regression of an ovarian tumour/cyst is not possible without any complication.*

23 *Tubercular meningitis may produce TB peritonitis which also shows characteristics of such tumour/lump which disappear after anti-tubercular drugs.*

24 *Usually, with the anti-T.B. therapy, any tubercular mass takes about 3 to 4 months to dissolve totally, but the treatment has to continue any way from 9 to 12 months. From my side, it was an ovarian tumor. If it has decreased in size, I cannot explain in medical terms...*

25 *If it is cured by anti-tubercular medicine, there should remain some sort of scar. But so far as the ultrasonography shows it, it is normal [...] Regarding the ovarian tumor, I have no explanation.*

26 *It is possible for the tumour to regress totally. It usually takes a month or few weeks and not within a day. [...] But the question of overnight, I cannot explain.*

27 *All proofs for and against the miracle, the supposed miracle, must be brought forward. We cannot have the impression that only the things in favour of canonization or in favour of the miracle are brought forward. [...] The legislation is very clear [...].* (Interview accordée à Raymond Saint-Pierre à Rome, en juin 2003)

28 *With all due respect to Mother Teresa, there should not be any talk of a miracle by her.* (http://indiabroad.rediff.com,19 octobre 2002)

29 Les propos des deux médecins traitants ont été repris dans un article du *Time Asia* du 19 novembre 2002.

30 *They want us to say Monika Besra's recovery was a miracle and beyond the comprehension of medical science.* (http://indiabroad.rediff.com, 19 octobre 2002)

31 *When they were invited, we waited for months for them to give the chance. And then, for their reasons, they didn't want to be involved in the Church inquiry. [...] I could say more but I don't think I'd say it on TV for different reasons [...].* (Interview accordée à Raymond Saint-Pierre à Rome, en juin 2003)

32 *Some doctors from the place where she was treated , they were called in. They had assured me that they would come. [...] The minister in charge was contacted repeatly and he also had assured that he would do all to get their opinion. And finally they did not come forward. [...] Finally, I closed the process, giving the reason why the process was closed without hearing those two doctors.* (Entrevue accordée à Raymond Saint-Pierre à Calcutta, en juin 2003)

33 *Monika Besra's tumour was cured purely by medical science. [...] So any talk of her case being beyond the comprehension of medical science is baseless.* (http://indiabroad.rediff. com, 19 octobre 2002).

34 *For two months, I had severe pain, and I was crying. I was not able to sleep; I could lie only on the left side and could not stand straight, she said in a statement sent to Pope John Paul II. Besra said: The sisters gave me medicine but the pain was still there. I was always praying to Mother Teresa, whose picture was on the wall opposite my bed.* (Extrait d'un article intitulé «Miracle cure, or was it?», publié dans le grand magazine indien *Frontline* sous la signature de Naunidhi Kaur, vol.19, no 22, 28 octobre au 8 novembre 2002)

35 *He has no complaint if she is declared a saint for all the great work she has done among poor people. But she is not capable of any miracle. It is indeed an insult to Mother Teresa to make her sainthood dependent of some stupid miracles.* (*Time Asia*, 19 novembre 2002)

36   *One day, Monika's sister came and told me that Monika had been cured and there was no cyst. She told me that it was because of prayer and Mother. I went to Patiram and saw Monika. She was looking better. [...] This all happeled, it is only because of the prayer. I do believe that it is because of Mother Teresa.* (http://motherteresacause.info/miracle.htm)

37   *It is much ado about nothing. My wife was cured by the doctors and not by any miracle. I want to stop this jamboree, people coming with cameras every few hours or so. (Time Asia*, 19 novembre 2002)

38   Informations recueillies, notamment, dans un texte de N. Patnaik intitulé *Five Elements in Santhal Healing* (http://ignca.nic.in/ps)

39   *There was a kind of effort to spread this misinformation. For example, the doctors said that it is not a miracle, they say that they examine her before and after but they did not mention time or date or anything. [...] She came to the hospice of Mother Teresa. [...] There was an organic disappearance of what was in her stomach. [...] She didn't go at that moment to any doctor. [...] All those who were in the hospice saw what she was before and after [...]. So, when she finally did go to a doctor, the doctor: oh yes, we gave you medicine so you are cure, that's not a miracle. But a miracle is something else [...]* (Interview accordée à Raymond Saint-Pierre à Calcutta, en juin 2003)

40   Malcolm Muggeridge ne fut pas que journaliste et présentateur de télévision. De 1969 à sa mort, survenue en 1990, il a écrit une dizaine d'ouvrages sur divers aspects de la chrétienté dont une biographie de Mère Teresa intitulée *Something Beautiful for God*, publiée en 1971. Son film et la biographie ont largement contribué à faire connaître la religieuse hors de l'Inde.

41   Monique de Huertas, *Mère Teresa*, Paris, Centurion, 1993, p. 132.

42   Christopher Hitchens, *Mother Teresa and Me*, Vanity Fair, février 1995.

43   *The light in the film looked rather odd, and the cameraman was just about to say so when Muggeridge broke in and said: "It's a miracle, it's divine light!"* (Christopher Hitchens, «On Mother Teresa» (Interview par Matt Cherry, *Free Inquiry Magazine*, vol. 16, n° 4)

44   Interview accordée au journaliste François Gauthier. (Reproduite sur le site Internet http://sources.asie.free.fr.)

45   Interview accordée à Raymond Saint-Pierre à Calcutta, en juin 2003

46   Interview accordée à Raymond Saint-Pierre à Rome, en juin 2003

La biographie

« Au service
des pauvres,
au milieu d'eux »

chapitre 3

Gonxha (Mère Teresa)
et sa sœur aînée, Aga

Les Bojaxhiu ont l'habitude de la tourmente. Leur pays, l'Albanie, endure depuis cinq siècles la domination des Turcs. L'occupant est musulman, mais les Bojaxhiu sont catholiques depuis des générations et ils en paient le prix. En outre, formé de petits duchés, le pays est déchiré par des conflits locaux entre les princes qui veulent y implanter leur pouvoir. Enfin, leur ville, Shkodër, qui n'est pas une grosse ville, occupe cependant une position stratégique dans la partie septentrionale de l'Albanie, sur le lac du même

nom qui fait frontière avec le Monténégro : elle est au centre des convoitises des pays voisins, à un moment de l'histoire où les différentes régions des Balkans sont découpées dans des frontières extrêmement floues. Ainsi, les Albanais doivent lutter sur deux fronts, contre les Ottomans pour s'en affranchir et contre les pays voisins, dont le Monténégro, pour protéger l'intégrité territoriale de leur pays. Le début du XXe siècle annonce des années sombres : les Guerres des Balkans se dessinent à l'horizon.

Kollë Bojaxhiu et son épouse, Drana Bernaj, choisissent de s'installer plus à l'est, dans la région voisine de la Macédoine qui, pourtant, n'est pas plus paisible : également partie du royaume albanais et sous occupation ottomane, elle fait l'objet des ambitions grecques, bulgares et serbes. C'est là, dans la principale ville de la région, Skopje, que Drana donne naissance, le 26 août 1910, à un troisième enfant; il s'agit d'une fille qu'ils font baptiser le lendemain du nom de Gonxha, l'équivalent albanais d'Agnès.

Kollë a mis sur pied, avec un associé, une entreprise de construction qui apporte une certaine aisance à la famille. Dans ce contexte de prospérité relative et d'amour de ses parents, Gonxha connaît une enfance heureuse; elle est enjouée, espiègle, obstinée lorsque sûre d'avoir raison, et, selon son frère Lazare, son aîné de trois ans, « un peu garçon manqué[1] ». Son univers a des airs

Dans ce contexte de prospérité relative et d'amour de ses parents, Gonxha connaît une enfance heureuse.

d'œcuménisme : mosquées, églises orthodoxes, églises catholiques font de Skopje une ville où il est possible de pratiquer sa religion avec relativement de facilité.

Chez les Bojaxhiu, l'éducation est une chose sérieuse et la foi catholique, intense. Les enfants sont inscrits à la paroisse du Sacré-Cœur, mais doivent fréquenter les écoles publiques où ils apprennent obligatoirement le serbo-croate. Le père est lui-même un homme cultivé; c'est lui qui a construit le premier théâtre de Skopje et, outre l'albanais, il parle le turc et une ou deux autres langues. L'avenir s'annonce prometteur pour la petite famille. Lorsque le drame la frappe brutalement, Gonxha n'a que neuf ans : Kollë, qui s'intéresse de plus en plus à la politique et est devenu conseiller municipal, meurt à son retour d'une assemblée à Belgrade. Les circonstances de sa mort sont suffisamment mystérieuses pour que certains, dont son fils, évoquent l'hypothèse de l'assassinat par empoisonnement, et que d'autres soutiennent qu'il a été « abattu par la police serbe », comme l'affirme l'agence CIP[2].

L'associé de Kollë s'empare alors de l'entreprise, laissant la famille Bojaxhiu sans source de revenu. Drana doit alors trouver un moyen d'assurer la subsistance de la petite famille; elle ouvre un commerce de broderies tout en élevant, seule, les trois enfants qui s'impliquent de plus en plus dans la vie communautaire de la paroisse. Avec sa sœur Aga, Gonxha fait partie de la

> **« Je n'avais que douze ans quand j'ai pour la première fois ressenti le besoin de devenir religieuse. »**

chorale et se mêle à toutes les activités de la jeunesse catholique. Elle a d'ailleurs une belle voix de soprano, aime la musique et apprend, grâce à un cousin musicien, à jouer de la mandoline.

Elle passe cependant de plus en plus de temps en prière à l'église. Elle se passionne de lectures, notamment de revues missionnaires disponibles à la paroisse. « Je n'avais que douze ans quand j'ai pour la première fois ressenti le besoin de devenir religieuse », a-t-elle confié plus tard à son biographe Navin Chawla[3]. Au cours d'un pèlerinage au sanctuaire marial de Letnice, non loin de Skopje, sa

vocation se précise : elle deviendra elle-même missionnaire. « Je me souviens, dit-elle. C'était le soir de l'Ascension. J'avais entre les mains un cierge allumé. Je priais, je chantais, débordant de joie intérieure. Ce jour-là, je décidai de me consacrer totalement à Dieu dans la vie religieuse[4]. » Elle n'a pas vingt ans.

C'est chez les Religieuses de Loreto[5] que Gonxha choisit d'exercer son apostolat, car elle a entendu dire que cette congrégation a des missions au Bengale, notamment à Calcutta. Le 26 septembre 1928, elle quitte Skopje pour Zagreb où elle fait ses adieux à sa mère et à sa sœur qu'elle ne reverra jamais. En compagnie d'une autre adolescente, Betika Kajne, elle fait route à travers l'Autriche, la Suisse, la France, l'Angleterre, vers Dublin en Irlande, où se trouve le siège de la congrégation depuis plus de cent ans. Les Religieuses de Loreto ont des missions sur tous les continents. Il s'agit alors d'un ordre très conservateur, dont les membres dispensent leur enseignement dans les institutions les plus fortunées. À l'origine consacrées à l'éducation des filles des colonisateurs irlandais et anglais postés en Inde, elles ont graduellement accueilli celles des bourgeois indiens pour ensuite s'ouvrir aux filles des familles pauvres des banlieues et des campagnes.

Le séjour de Gonxha au couvent de Rathfarman dure un peu plus d'un mois : prise de contact avec les responsables de la communauté, cours intensif d'anglais et formalités d'émigration. Malgré les doutes qu'inspire sa santé fragile, elle s'embarque, le 1er décembre, à bord d'un vapeur, le *Marcha*, qui l'amène vers sa terre de mission. Le 2 janvier 1929, elle descend à Madras, un ancien comptoir commercial fondé par les Anglais au

Le 2 janvier 1929, elle descend à Madras.

milieu du XIVe siècle qui s'est transformé, sur la côte sablonneuse du golfe du Bengale, en une ville de plusieurs millions d'habitants. Gonxha a déjà la misère humaine à ses pieds : « De très nombreuses familles vivent dans les rues, écrit-elle dans son journal. Les gens passent les jours et les nuits en plein air, sur le pavé recouvert de feuilles de palmier, ou, surtout, à même le sol. Ils sont presque sans vêtements. Dans le meilleur des cas, leur seul habit consiste en quelques haillons serrés autour des reins. [...] Les gens ne circulent pas nus, mais ils vivent dans des conditions d'extrême pauvreté auxquelles les missionnaires n'arrivent pas à remédier[6]. »

La première destination de Gonxha est Darjeeling, dont les Britanniques ont fait la capitale du Bengale et du célèbre thé qui porte son nom; les Religieuses de Loreto y ont installé leur noviciat. La ville est située à 600 kilomètres au nord de Calcutta, à quelque 2 000 mètres d'altitude dans le bas Himalaya, près de la frontière entre le Népal et le Sikkim. S'y mêlent des maharajahs et des fonctionnaires anglais dont les enfants fréquentent des écoles conçues pour eux, comme le couvent de Loreto. Gonxha y prend l'habit le 23 mai 1929 et reste 18 mois, à pratiquer l'obéissance aveugle, le renoncement et l'humilité, tout en enseignant l'histoire et la géographie à l'école Sainte-

> # Elle s'appellera désormais et pour toujours Teresa, en hommage à Thérèse de Lisieux.

Thérèse. Elle en profite pour se familiariser avec le bengali, qui est la langue de la région de Calcutta, et le hindi, principale langue du pays[7].

Deux ans plus tard, le 24 mars 1931, Gonxha prononce ses premiers vœux de pauvreté, de chasteté et d'obéissance. Elle aura 22 ans dans cinq mois. La supérieure de la communauté lui accorde le privilège de choisir elle-même son nom de religieuse. Elle s'appellera désormais et pour toujours Teresa, en hommage à Thérèse de Lisieux envers qui elle nourrit une dévotion parti-

culière depuis qu'elle a été canonisée, six ans plus tôt, par le pape Pie XI et désignée patronne des missions. Pourquoi l'orthographe espagnole? Il y a une autre Theresa dans la communauté!

Calcutta est alors la ville la plus importante de l'Empire britannique après Londres. Fondée en 1690 par un commerçant anglais du nom de Job Charnock pour servir de comptoir commercial de la Compagnie des Indes orientales, elle deviendra en moins d'un siècle le symbole de la domination des Britanniques sur l'ensemble du sous-continent indien. Déjà, cinquante ans après sa fondation, elle compte plus de cent mille habitants. Les Anglais doivent la défendre par deux fois au XVIIIe siècle contre le *nawab* du Bengale avant de pouvoir imposer leurs conditions aux Bengalis. Lieu de résidence du vice-roi jusqu'en 1911, capitale politique du pays, elle a accédé au statut enviable de métropole industrielle et commerciale de tout le sous-continent. Mais il s'agit aussi d'une ville repoussante de cinq millions de personnes dont la population, gonflée de centaines de milliers d'affamés venus de toutes les parties de

Kolkata (Calcutta) aujourd'hui

l'Inde dans l'espoir d'y trouver du travail, vit, nombreuse, dans des cabanes de misère installées au hasard des espaces disponibles, dans un climat à peine respirable.

C'est dans cette ville, étalée sur des kilomètres d'une ancienne zone marécageuse au fond du golfe du Bengale, que sœur Teresa sera envoyée pour y parfaire ses études d'enseignante.

Lorsque les Religieuses de Loreto sont arrivées à Calcutta, vers le milieu du XIXᵉ siècle, l'une des premières œuvres qu'elles mirent sur pied fut l'orphelinat d'Entally, au cœur d'un quartier misérable de la banlieue est de Calcutta. L'institution s'est, depuis, transformée en école, mais continue d'y accueillir les enfants les plus pauvres de Calcutta et de sa banlieue. C'est là, à l'école St. Mary's d'Entally, que sœur Teresa découvrira la ville et ses misères, au contact de ses élèves et des sans-abri du quartier. Elle y enseignera, pendant 17 ans, le catéchisme, l'histoire et la géographie.

La vie des Religieuses de Loreto à Calcutta subit, aux côtés de la population bengali, les conséquences de la Deuxième Guerre mondiale. En mai 1942, la Birmanie, également province de l'Empire britannique des Indes, tombe sous l'occupation des Japonais, pourtant venus, prétendaient-ils, soutenir les mouvements d'indépendance. Calcutta, située en face, de l'autre côté du golfe du Bengale, devient le centre des opérations militaires britanniques. La mobilisation est générale et le couvent d'Entally se transforme en un hôpital militaire. Avant la guerre, la Birmanie était le grenier de riz de cette partie du monde, mais les Japonais coupent les approvisionnements du Bengale. Les conséquences sont immédiates : la famine s'installe et, avec elle, le marché noir, le trafic, le chantage et l'inflation. Les paysans sont forcés de se débarrasser de leur terre et viennent s'agglutiner dans la métropole. Selon l'économiste indienne Utsa Patnaik « la consommation annuelle de céréales par habitant sous l'occupation britannique est passée de 200 kilos en 1918 à 150 kilos en 1947. Les récoltes des céréales

> # Deux à trois millions de personnes meurent de faim au Bengale, en 1943.

non alimentaires ont crû dix fois plus vite que les céréales alimentaires pour fournir les marchés à l'exportation[8] ». Conséquence dramatique de cette politique, deux à trois millions de personnes meurent de faim au Bengale, en 1943. Le colonisateur britannique est dépassé par les événements; l'orage de l'indépendance pointe à l'horizon.

Ces années à l'École St. Mary's permettent à ses consœurs de bien connaître sœur Teresa. De leurs témoignages recueillis par le biographe Navin Chawla ressort l'image d'une femme laborieuse et généreuse, qui ne laisse cependant rien présager de ce qu'elle deviendra plus tard. « C'était une jeune fille très simple et très ordinaire, très gentille, pleine de drôlerie, qui s'amusait de tout ce qui se passait. À cette époque, rien, vraiment rien, ne laissait prévoir qu'elle quitterait jamais le couvent », dit l'une d'elle[9].

Comme les autres membres de la congrégation, Teresa doit se rendre à Darjeeling à chaque année pour sa retraite annuelle. C'est à l'occasion d'un de ces moments privilégiés qu'elle prononce ses vœux perpétuels le 24 mai 1937. Neuf ans plus tard, le 10 septembre 1946, elle est de nouveau dans le train à destination de Darjeeling lorsqu'elle « entend l'appel ». « Tandis que je priais à l'intime de moi-même et en silence, j'ai perçu très nettement un appel dans l'appel, raconte-t-elle à son biographe indien Desmond Doig. Le message était très clair : je devais quitter le couvent de Loreto pour me consacrer au service des pauvres, en vivant au milieu d'eux. C'était un ordre. Je percevais très clairement d'où venait cet appel. Ce que je voyais moins bien, c'était la manière d'y répondre. [...] J'ai senti intensément que Jésus voulait que je le serve dans les pauvres, dans les abandonnés, les habitants des *slums*, les marginaux, ceux qui n'ont aucun refuge[10].» Si elle veut répondre à cet appel, il lui faut quitter sa communauté où, pourtant, elle est pleinement heureuse. Il lui faut surtout obtenir les autorisations nécessaires, ce qui n'est pas une mince affaire. Elle se confie à son

« Je devais quitter le couvent de Loreto pour me consacrer au service des pauvres, en vivant au milieu d'eux. »

directeur spirituel, un jésuite belge, le père Céleste van Exem, qui l'incite tout d'abord à bien

réfléchir et à prier. Pourtant, après hésitation, il consent à en glisser un mot à l'archevêque de Calcutta, Mgr Ferdinand Périer, jésuite également, avec qui il entretient de bonnes relations[11]. Mais Mgr Périer l'accueille froidement : « Vous ne la connaissez pas, votre sœur Teresa! lui dit-il. Moi, je l'ai connue comme novice à Darjeeling. Elle ne savait même pas allumer les cierges! Et vous voudriez qu'elle devienne la supérieure d'une communauté religieuse? Elle en est incapable[12]. »

Le moment est fort mal choisi. Les Indes britanniques sont en ébullition et réclament avec encore plus d'insistance leur indépendance qu'elles obtiendront d'ailleurs l'année suivante[13]. De plus, sœur Teresa a contracté la tuberculose, ce qui oblige sa supérieure à l'envoyer à Asansol, dans le Bihar, pour y être soignée.

Malgré tout, à son retour à Calcutta, à la fin de 1947, elle insiste de nouveau auprès de l'archevêque pour qu'on lui permette de quitter sa congrégation et de consacrer sa vie aux pauvres. Si la situation politique est peu propice à une telle initiative — le mahatma Gandhi[14], qui

Dans les rues de Kolkata

incarne les aspirations de l'Inde, est assassiné le 30 janvier 1948 —, les conséquences sociales de la colonisation de l'Inde et les bouleversements que connaît le pays sont par ailleurs terribles. Le chômage et la misère s'installent partout. La partition du pays qui découle de l'indépendance a refoulé vers les grandes villes des centaines de milliers de réfugiés hindous en provenance du Pakistan oriental, devenu un État islamique. Dans les villes indiennes, la misère a pris les formes les plus hideuses : le choléra, la fièvre typhoïde, la malaria

viennent s'alimenter aux caprices des saisons et aux égouts à ciel ouvert qui enveloppent la ville dans une odeur pestilentielle[15]. Dans un article publié le 25 juillet 1949, le *Times of India* de Bombay, rapporte que « quatre pour cent de la population des grandes villes habitent dans des logements fournissant le strict minimum de surface, de ventilation et de lumière ». Dans ce pays où les conditions sanitaires sont épouvantables et la filtration, un vain mot, l'eau peut être un danger mortel. Et, de fait, on meurt, nombreux, dans les rues de

Calcutta. Devant une telle situation, sœur Teresa n'en est que plus ancrée dans la certitude qu'elle est appelée à consacrer sa vie au secours de ces populations.

En dépit du scepticisme qui l'entoure au sujet des ambitions de cette petite nonne, Mgr Périer achemine la demande à Rome; Pie XII donne son accord le 12 avril 1948 et accorde à sœur Teresa le statut de religieuse indépendante. Elle n'est pas sécularisée, comme le voulait Mgr Périer. Elle obtient l'exclaustration, demeurant ainsi liée aux vœux qu'elle a prononcés chez les Religieuses de Loreto. Son ancienne communauté continue d'ailleurs, et pendant quelques années, de subvenir à ses besoins, tant en argent qu'en meubles et outils ménagers. Elle a 38 ans.

Il y a, à Patna, la capitale du Bihar, des religieuses missionnaires américaines qui se spécialisent dans les soins aux malades. Mgr Périer qui est, plus que tout autre, conscient de l'impossible aventure dans laquelle s'engage la religieuse, lui suggère néanmoins de s'y rendre afin d'apprendre quelques notions du métier d'infirmière. Elle y reste trois mois, apprenant à la fois l'art de prescrire des médicaments et le métier de sage-femme.

Sœur Teresa revient à Calcutta à la mi-décembre 1948. Elle ouvre immédiatement une « école » dans le quartier de Motijhil, une école sans toit, ni meubles, ni crayons, ni livres. Elle attire ses premiers élèves — ils étaient cinq! — en enseignant l'alphabet bengali avec un bâton dans la poussière de la rue. Elle récompense ses élèves : un pain de savon! La population du quartier a vite compris le sens de ce qu'elle faisait et a contribué graduellement à donner corps à cette « école », l'un apportant une table, un autre une chaise. Au bout de quelques jours, trois personnes viennent l'assister, car le nombre d'élèves a déjà dépassé la cinquantaine! En quelques semaines, avec l'aide de bénévoles qui se joignent à elle en cours de route, elle ouvre un dispensaire. Elle doit alors se faire mendiante pour subvenir à ses besoins et se procurer des médicaments, ce qui scandalise beaucoup de catholiques. Mais, depuis des siècles, la mendicité est inscrite dans les mœurs. Les gens à l'aise de la société indienne ont l'habitude de donner à leurs prêtres et à tous ceux qui

consacrent leur vie à la spiritualité. Mère Teresa le sait, comme
elle sait qu'il s'agit d'une conséquence inévitable de sa vocation
de pauvreté.

A-t-elle voulu, à ce moment-
là, fonder une congrégation?
Certains en doutent, dont sa
biographe Monique de Huertas :
« Il ne semble pas que sœur
Teresa ait envisagé de créer une
congrégation, écrit-elle. Elle n'a
pas cherché à entraîner des
jeunes filles vers elle, vers son
apostolat. Elles sont venues d'elles-
mêmes[16]. » D'ailleurs, lorsqu'en
mars 1949 une de ses anciennes
élèves se présente à elle pour
partager ses peines, elle la ren-

voie chez ses parents, lui décri-
vant la dureté de la vie qui est la
sienne. La jeune fille revient peu
de temps après. Elle a revêtu le
costume que sœur Teresa a imaginé pour elle-même : le sari blanc
de coton[17] orné de trois bandes
bleues, couleur de la Vierge Marie,
avec, sur l'épaule, une croix suffisamment discrète pour ne pas
effrayer ceux qui ne partagent
pas sa croyance religieuse. Vain-
cue, sœur Teresa l'accueille. Suba-
shini Das, une Bengali de famille
aisée, devient à 19 ans sa première disciple. Elle prend le nom
de sœur Agnès. Deux semaines
plus tard, une autre se présente
avec la même volonté, Maddelena

Pattin, étudiante en médecine, puis il y en aura une troisième, puis une quatrième... Les Missionnaires de la Charité sont nées.

L'archevêque Périer institue la congrégation de droit diocésain le 7 octobre 1950 dans une petite chapelle de Calcutta, en présence des onze compagnes de Mère Teresa. Le père Christian Mignon, bibliste et historien, évoque ce moment : « Je me rappelle ce jour-là. En entrant dans la cour de la maison, j'ai vu sur ma droite, autour d'une pompe à piston, un groupe de femmes bengalis qui nettoyaient leurs ustensiles de cuisine. En face de moi, il y avait un escalier en colimaçon, assez obscur et assez sale. Nous avions à peine grimpé quelques marches que je vis un gosse tout nu nous dépasser. [...] Tout en haut, je vis que la chapelle de la communauté était en fait une chambre ordinaire, sans aucun prie-Dieu, sans chaises, sans bancs, on priait à genoux ou assis sur le sol. Et on avait installé là un autel de bois. [...] On lut le document officiel, la bulle du pape, et l'archevêque célébra une messe basse en latin, face au mur comme c'était la coutume en ce temps-là. J'avais le sentiment d'avoir assisté à une cérémonie insolite. Cette messe basse, si ordinaire, presque banale, au quatrième étage d'une maison laïque, ce début si humble d'une congrégation religieuse encore inconnue du public bengali, un début sans célébration aucune, dans un anonymat complet, c'était vraiment un commencement du genre de Bethléem[18]. » En plus des trois vœux de pauvreté, chasteté et obéissance, les religieuses doivent en prononcer un quatrième, celui de consacrer leur vie au service des « plus pauvres d'entre les pauvres ». Ce quatrième vœu donne corps à ce que sœur Teresa a

C'était vraiment un commencement du genre de Bethléem.

appelé « l'appel dans l'appel ». Le décret d'érection de la communauté est d'ailleurs à cet égard sans équivoque : « [...] celles qui rejoignent cet ordre sont résolues à se dévouer sans faillir en cherchant, dans les villes et les villages, même dans les lieux les plus sordides, les pauvres, les abandonnés, les malades, les infirmes, les mourants[19]... »

Le service des pauvres est cependant une obligation qui embrasse bien large. Et c'est désormais la misère elle-même qui dictera leur mission à sœur Teresa et à sa communauté. « Un soir, raconte l'écrivain Dominique Lapierre, elle trébuche littéralement sur le corps d'une vieille femme dans la rue. C'est la mousson, des cataractes, des torrents d'eau s'abattent sur la ville. Alors, elle la prend dans ses bras, elle marche aussi vite qu'elle peut vers le premier hôpital. Et là, on lui dit : " Madame, on n'accepte pas les mourants ici. Il faut donner un bakchich... Allez à un autre hôpital. " Elle se rend dans deux ou trois hôpitaux et, finalement, elle sent le corps se raidir dans ses bras. Elle a compris que la femme était morte[20]. » C'est alors qu'elle demande aux autorités municipales de lui donner un local pour y recueillir les agonisants, les mourants, les indigents abandonnés, les incurables, tous ceux qui rendent l'âme au bout de leurs souffrances çà et là dans les rues de la ville. Sœur Teresa fonde alors, en août 1952, la

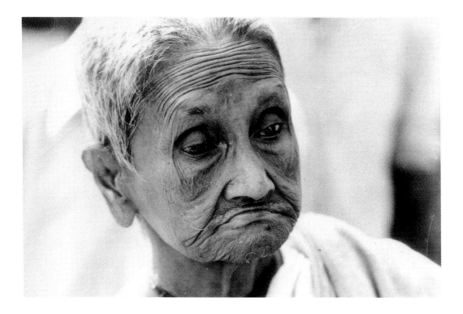

Maison des mourants de Kalighat, installée dans une immense construction plus ou moins désaffectée que lui concède la mairie et qui servait, jadis, de résidence aux pèlerins venus se recueillir au temple de la déesse Kali[21]. L'installation de ce refuge, appelé *Nirmal Hriday*, la Maison du cœur pur, n'est pas facile : les religieuses font face à l'hostilité des trafiquants et de leurs voisins, les prêtres du temple. Alors que sœur Teresa voit dans cette proximité l'occasion pour ses protégés de mourir en paix sous le regard de leur déesse, les prêtres croient qu'elle n'a qu'un objectif : les convertir au catholicisme avant qu'ils meurent. Les vitres de l'institution volent en éclats. Les interventions se font plus pressantes auprès des autorités civiles qui, finalement, décident l'évacuation de l'immeuble. Le préfet de police vient exécuter la décision, mais entend d'abord visiter les lieux. Lorsqu'il en ressort, il s'adresse aux manifestants, venus applaudir à l'éviction : « Oui, dit-il, je vais chasser cette femme, mais à une condition : quand vos mères et vos sœurs seront venues la remplacer! » La foule se disperse. Un jour, atteint de tuberculose et rejeté par les hôpitaux

« Oui, dit-il, je vais chasser cette femme, mais à une condition : quand vos mères et vos sœurs seront venues la remplacer! »

qui refusent d'admettre les incurables, un prêtre du temple n'a d'autre choix que de venir mourir chez les sœurs. Il meurt dans sa foi. Les prêtres du temple comprennent alors qu'elles ne font que vivre la leur sans tenter de la communiquer aux autres. À *Nirmal Hriday*, les catholiques qui le souhaitent peuvent voir un prêtre avant de mourir et les hindous peuvent se faire asperger de l'eau sacrée du Gange si tel est leur désir et, s'ils meurent, être incinérés selon les rites de leur religion. Avec sa grande salle aux murs blancs, ses deux petites coupoles et ses fenêtres

Nirmal Hriday, le Mouroir. On y reconnaît ce qui sera comme une devise :
« *Be something beautiful for God* »

de style gothique, où s'activent religieuses et volontaires, le *Nirmal Hriday* deviendra connu à travers le monde comme le Mouroir, où des centaines d'agonisants viennent chaque année, dans la dignité, finir leurs jours[22].

Pendant tout ce temps, sœur Teresa et ses religieuses habitent au 14, Creek Lane, chez des croyants fervents, la famille de Michael Gomes, qui les hébergent gratuitement. Mais la communauté grandit et bientôt elles sont une trentaine, entassées dans un appartement trop petit. Encore une fois, la prière vient au secours de sœur Teresa. Avec l'aide de l'archevêché qui en finance l'achat, elle acquiert pour un prix plus que raisonnable[23] un immeuble de deux étages, maison d'un magistrat musulman, le Dr Islam, qui souhaite émigrer au Pakistan. Le 54A, Lower Circular Road[24] deviendra la maison mère des Missionnaires de la Charité.

Tous les jours, à l'aube, les religieuses partent dans les rues de la ville, dispenser aux mourants leur aide et leur affection. Il leur arrive de temps en temps de découvrir, dans les ordures, le corps d'un nouveau-né, d'un enfant abandonné encore accroché par un souffle à la vie, d'un bébé gisant aux côtés de sa mère morte à l'accouchement. Mais, une fois arrachés aux rats et aux chiens, où loger ces enfants? Tout près de la maison mère, dans la même rue, un immeuble, mal entretenu, est disponible. Mère Teresa ne laisse pas passer l'occasion : il deviendra le *Sishu Bhavan*, le Foyer de l'enfant abandonné. Plusieurs des enfants, handicapés, victimes d'avortement raté, rejetons de droguées, abandonnés, recueillis dans les rues meurent dans les bras des religieuses ou au foyer. Les autres, une fois remis sur pied, sont confiés à l'adoption auprès de familles indiennes et souvent, à l'étranger. C'est d'ailleurs ainsi que Mère Teresa, qui s'oppose à l'avortement, entend lui faire échec : « Nous combattrons l'avortement par l'adoption[25] », dit-elle. Cette phrase, elle la répétera toute sa vie et de façon encore plus éclatante le 10 décembre 1979, dans l'amphithéâtre de l'Université d'Oslo : « Il y a de nombreuses menaces à la paix, dit-elle dans son allocution d'acceptation du Prix Nobel, mais la pire, c'est l'avortement car il s'agit

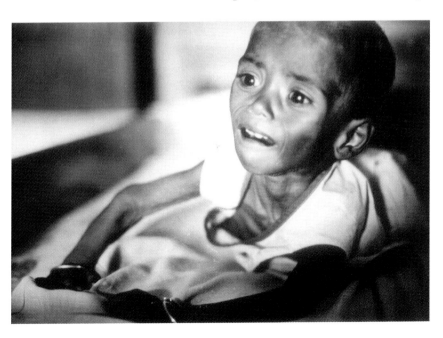

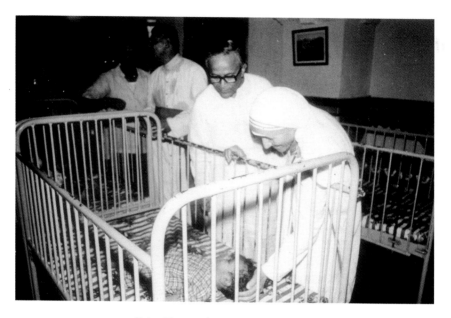

Sishu Bhavan, à son inauguration...

d'une guerre directe, du meurtre instantané d'un enfant par sa propre mère. (...) Nous luttons contre l'avortement par l'adoption[26] ». Tout en étant contre l'avortement, elle milite cependant pour la régulation des naissances par des moyens naturels, et ses religieuses enseignent aux jeunes mères les rudiments de la planification familiale. Elle disait : « N'avortez pas. Donnez-moi les enfants! ». Le *Sishu Bhavan* a aujourd'hui des airs de grande pouponnière, mais aussi de maternelle avec ses murs aux multiples dessins de couleur et sa cour intérieure qui a des airs de parc d'amusements.

Parmi les malades que les sœurs ramassent dans les rues de la ville, les lépreux sont nombreux. Le seul centre de traitement de cette maladie qui existait dans Calcutta a été fermé à la suite de pressions des citoyens qui ne voulaient pas de lépreux dans leur quartier. Lorsque Mère Teresa tente d'ouvrir une clinique quelque part, elle est invariablement accueillie par une volée de pierres! Elle imagine alors le recours à une clinique mobile qui fait office de petit hôpital

...et aujourd'hui

ambulant. Le procédé n'est pas inutile, mais il ne correspond pas au rêve de Mère Teresa : au-delà des soins, elle entend redonner la dignité à ces personnes dont la seule présence en un lieu provoque mépris et répugnance. Dans cette région du monde, où la maladie de Hansen est perçue comme le juste châtiment d'une mauvaise vie antérieure, le lépreux n'a aucune chance de survivre, sinon de la mendicité. Les Missionnaires de la Charité ne peuvent pas les accueillir tous à *Nirmal Hriday*. Mère Teresa attend la bonne occasion. Dès 1956 — la communauté n'existe que depuis six ans —, elle organise, pour ses religieuses, des cours sur la nature de la maladie et la façon de la guérir. Elle frappe à toutes les portes.

Le premier centre pour lépreux, à Titagarh, ne fut, à l'origine, qu'une petite clinique installée sous un arbre, au milieu d'un quartier où les lépreux étaient particulièrement nombreux et les criminels, encore davantage. En 1958, les autorités civiles de cette banlieue industrielle de Calcutta, concèdent aux Missionnaires de la Charité

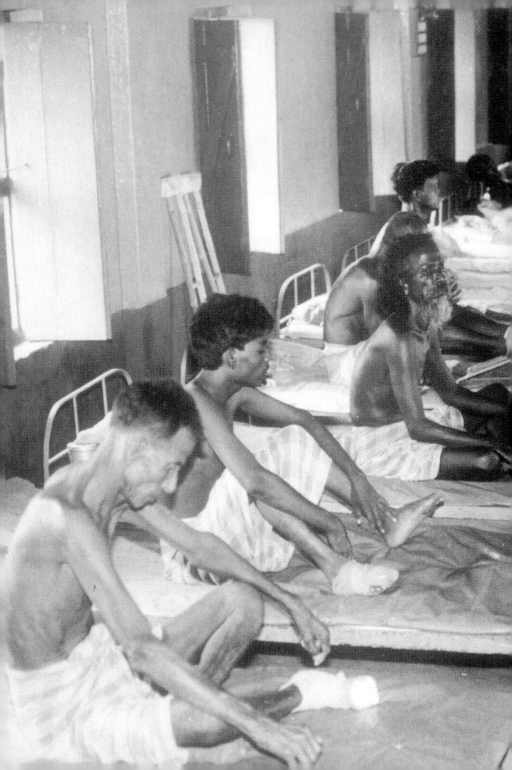

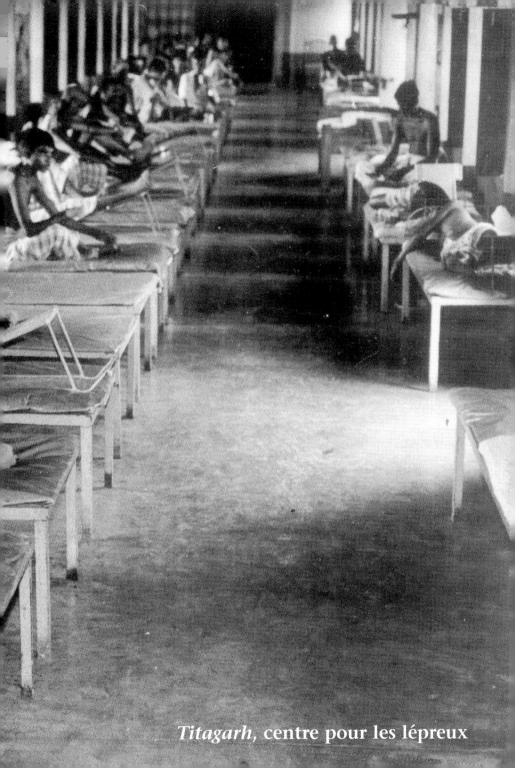

Titagarh, centre pour les lépreux

une étroite bande de terrain qui s'étire sur deux kilomètres le long de la voie ferrée qui va de Titagarh à Khardah : un marécage infesté de serpents, sans électricité, eau courante et installations sanitaires. C'est là que Mère Teresa installe son premier centre pour lépreux, qui porte le nom du mahatma Gandhi : le *Gandhiji Prem Niwas,* Demeure de l'Amour. Désormais, derrière leur métier à tisser, leur rouet, dans leur petite habitation, devant leur potager, les « malades » de la lèpre cesseront de l'être : ils retrouveront leur dignité.

Le centre de Shantinagar viendra l'année suivante, à même un terrain d'une quinzaine d'hectares loué à Mère Teresa par l'État du Bengale : un bail de trente ans au prix d'une roupie par année! Il s'agit d'un emplacement arraché à la jungle, situé à environ 25 kilomètres d'Asansol, ville minière d'importance moyenne que l'on peut atteindre, de Calcutta, en quatre heures de train. Mère Teresa voit se réaliser son rêve de créer un village de lépreux qui serait autonome à tous points de vue. Mais elle a besoin d'argent. En 1965, le pape Paul VI est en voyage à Bombay. Un groupe de catholiques américains lui ont fait cadeau, pour ses déplacements en Inde, d'une limousine, une Lincoln Continental. C'est dans cette voiture que le pape se rend visiter Kalighat. À son départ, il décide de la donner à Mère Teresa qui, au lieu de la vendre, choisit d'en faire l'objet d'une loterie qui lui rapporta pas moins de 450 000 roupies, une somme considérable pour l'époque[27]. Mère Teresa lance ensuite, sous le symbole de l'ancienne clochette du lépreux, une collecte dans tout Calcutta avec comme slogan : Touchons un lépreux par notre compassion. Les sommes recueillies dépassent ses espérances. D'autant que « la notion de charité chrétienne est étrangère à l'hindouisme en raison du *karma,* écrit le père S. Gorrée. Car l'injustice sociale s'accepte comme conséquences des actes passés[28] ». Elle fonde enfin la colonie de lépreux qu'elle a imaginée depuis longtemps, le Village de la paix, où les malades pourront être soignés, tenir des ateliers, apprendre un métier, cultiver des potagers, vivre, en somme, de façon tout à fait autonome. En moins de dix ans, plus de 25 centres pour lépreux verront le jour en Inde[29].

Mère Teresa sert le repas à des lépreux

La misère ne fait pas de discrimination. Un jour, le gouverneur de Calcutta demande à Mère Teresa de s'occuper des filles sorties de prison. Il lui fait cadeau dans le quartier de Tengra d'un champ d'ordures qui deviendra, en 1989, le *Shantidan*, quelques bâtiments où viennent se réfugier par dizaines ces filles sans identité, qui y apprennent à écrire, à lire et à se rendre utiles dans les travaux ménagers.

Il n'y a pas que des femmes qui désirent travailler aux côtés de Mère Teresa. Des hommes s'offrent aussi et leur apport serait précieux dans un univers où les religieuses, à cause de leur condition de femmes, peuvent parfois courir de grands dangers. Il y a toutefois un problème : une femme ne peut être la supérieure d'une communauté d'hommes. En 1963, Mère Teresa obtient malgré tout des autorités religieuses du diocèse la permission de créer une communauté masculine calquée sur celle des Missionnaires de la Charité. C'est un jésuite australien, le père Ian Travers-Ball, qui deviendra, en

1965, le premier missionnaire masculin de la Charité et qui, sous le nom de frère Andrew, dirigera la communauté jusqu'en 1987, alors qu'il quitta la communauté. La congrégation des Frères missionnaires de la Charité est officiellement reconnue par Rome en mars 1967. Contrairement aux femmes, les frères ne portent pas de vêtement distinctif, hormis une petite croix fixée à la chemise. La première mission des frères hors de l'Inde s'établit au Vietnam, au début des années 70.

Jusqu'en 1960, les activités des Missionnaires de la Charité ont été limitées à Calcutta et à ses banlieues, en conformité avec certaines dispositions canoniques qui empêchent une communauté qui n'a pas encore dix ans d'existence d'agir hors de son diocèse de création. Mais à compter de 1960, la notoriété de Mère Teresa s'étend rapidement au-delà de Calcutta, à Ranchi, à Asansol, à Agra, à Delhi... et hors des frontières indiennes. Sa première mission hors de son pays d'adoption prend pied à Cocorote au Venezuela, en 1965. Le mouvement embrasera ensuite les cinq continents. Mgr Périer a bien quelques réticences devant le projet outre-Atlantique, mais la demande vient du nonce apostolique à Delhi et, de surcroît, Paul VI a transformé la congrégation des Missionnaires de la Charité en une congrégation de droit pontifical, le 1ᵉʳ février 1965.

En 1962, le gouvernement indien désigne Mère Teresa comme récipiendaire du prestigieux prix *Padmashri*, le Lotus magnifique, pour service rendu à la nation. La même année, le

> En 1962, le gouvernement indien désigne Mère Teresa comme récipiendaire du prestigieux prix *Padmashri*, le Lotus magnifique, pour service rendu à la nation.

gouvernement philippin lui attribue le prix *Magsaysay*, un prix qu'elle « n'a pas le temps d'aller chercher » jusqu'à ce qu'elle sache que lui est attachée une somme de 50 000 roupies. Ce sont les premières reconnaissances officielles de son œuvre, en Inde et à l'étranger. Il y en aura d'autres et de nombreuses.

Même si, déjà, quelques organismes de bienfaisance sont conscients de l'importance de l'action des Missionnaires de la Charité, c'est une émission de télévision de la BBC animée par le journaliste Malcolm Muggeridge qui enclenchera l'énorme mouvement de solidarité dans les pays riches et auréolera Mère Teresa de cette image de sainte vivante. Le film de la BBC, repris par plusieurs autres télévisions dans le monde, suscite à la fois des demandes d'aide de nombreux pays et toute une série de prix, de doctorats honorifiques et de distinctions de toutes sortes. Et, naturellement, de dons considérables de toutes natures, indispensables à la poursuite de son œuvre. Ce visage maigre et parcheminé fait le tour du monde, avec très souvent d'illustres personnages à ses côtés. L'un d'eux, Edward Kennedy, proposera

d'ailleurs la première fois sa candidature au prix Nobel de la paix qu'elle obtiendra en 1979, battant au fil d'arrivée le président des États-Unis, Jimmy Carter.

Mère Teresa est maintenant une personne épuisée. Les nuits sans sommeil, les longs voyages, les privations, la souffrance, les longues journées de travail viennent à bout de ce corps qui était déjà fragile lorsqu'elle est entrée au noviciat. Un auteur a attribué sa longévité au fait qu'elle pratiquait le *karma yoga*, le sentier du travail et du service. Le 6 juin 1983, de passage à Rome, elle doit être hospitalisée pendant un mois pour une première crise cardiaque. Elle rentre ensuite à Calcutta et reprend ses activités, mais les crises d'angine se succèdent. Après sa deuxième crise, en septembre 1989, son cœur a besoin d'un stimulateur pour fonctionner. Elle décide alors de demander au pape la permission de prendre sa retraite et de réunir les supérieures régionales de sa congrégation afin de préparer sa succession. Le chapitre se tient en septembre 1990 : ne parvenant pas à s'entendre entre elles, les religieuses la reconduisent à l'unanimité dans ses fonctions avec un seul vote dissident, le

Mère Teresa à la réception du prix Nobel, en 1979

sien. Mais les accidents de santé se multiplient : fracture de trois côtes à Rome, malaria à Delhi, blocage d'artères à Calcutta et, en 1996, fracture de la clavicule. Sa bonne forme l'abandonne peu à peu. Il faut nommer une nouvelle supérieure générale, ce sera sœur Nirmala Joshi, élue en mars 1997, qui refuse le titre de « mère », réservé à la fondatrice. Les Missionnaires de la Charité comptent alors près de 4 500 membres, dans plus de 130 pays.

Mère Teresa meurt le 5 septembre 1997, à l'âge de 87 ans.

Pendant une semaine, l'église Saint-Thomas est envahie par les humbles et les grands de ce monde qui défilent devant le modeste cercueil, drapé de l'emblème safran, blanc et vert de l'Inde dont elle avait obtenu la nationalité. Le samedi 13, c'est sur un affût de canon, le même qui a transporté les dépouilles de Gandhi en 1948 et de Jawaharlal Nehru en 1964, qu'elle fait son dernier voyage sur cette terre qu'elle a, par ailleurs, parcourue en tous sens. Le cortège traverse une partie de Calcutta, sous le

Mère Teresa au milieu des sœurs Missionnaires de la Charité

Des représentants de différentes confessions religieuses
prient à l'extérieur de l'église Saint-Thomas,
où la dépouille de Mère Teresa avait été placée en chapelle ardente

regard de dizaines de milliers d'Indiens venus, malgré la pluie de la mousson, la saluer une dernière fois, jusqu'au stade de Netaji où le secrétaire d'État du Vatican, le cardinal Angelo Sodano, dit la messe en présence d'une vingtaine de cardinaux et évêques et du président de l'Inde, K. R. Narayanan. À l'offertoire, une petite orpheline de *Sishu Bhavan*, un lépreux, une femme libérée de prison, un handicapé et un volontaire s'avancent pour remettre les offrandes au célébrant. Après la messe, des dignitaires hindou, bouddhiste, musulman, sikh et zoroastrien rendent un ultime hommage à la petite religieuse catholique. Pour eux et des millions de personnes, dans ce pays qui ne compte pourtant que moins de trois pour cent de catholiques, et à travers le monde, elle est déjà sainte Mère Teresa.

Notes

1   Monique de Huertas, *Mère Teresa*, Paris, Éditions du Centurion, 1993, p. 14.

2   CIP, une agence d'information créée par les journaux catholiques et établie en Belgique, a fourni pendant une cinquantaine d'années des nouvelles religieuses aux journaux, à la radio et à la télévision, tant en Belgique qu'à l'étranger. (http://www.catho.be/cip/bulletin/5337)

3   Navin Chawla, *Mère Teresa. Une vie pour l'amour*, Éditions de l'Archipel, 1994, p. 35. Cet ouvrage a d'abord été publié en anglais sous le titre de *Mother Teresa* en 1992 chez Sinclair-Stevenson, à Londres. L'auteur est un haut fonctionnaire indien qui ne partage pas la foi de Mère Teresa et qui fut amené à s'intéresser à l'œuvre de la religieuse dans l'exercice de ses fonctions avant d'en devenir le biographe.

4   Monique de Huertas, *Op.cit.*, p. 17.

5   L'histoire de cette communauté n'est pas banale. Fondée au tout début du XVIIᵉ siècle par une dame anglaise, Mary Ward, elle devra attendre cent ans avant que le Saint-Siège ne l'approuve officiellement alors même qu'elle était déjà installée dans plusieurs pays. Son problème : sa règle s'inspire de celle de saint Ignace de Loyola, fondateur de la Compagnie de Jésus qui, à certains moments de son existence, a aussi suscité de la méfiance de la part de Rome. À une époque où les femmes religieuses se consacrent à la contemplation, les *Loreto Nuns* ne sont pas cloîtrées et échappent à la juridiction des autorités du diocèse. Leurs dénigreurs les appellent les « Jésuitesses ». La communauté de Dublin, à laquelle se joint Gonxha, a été créée en 1821.

6   La revue *Katolicke Misjie (Missions catholiques)* a publié le récit du voyage de Gonxha. Cet extrait est repris dans Monique de Huertas, *Op. cit.*

7   Avant l'indépendance, l'Inde n'a pas de langue nationale et compte plus de 3 000 langues et dialectes. Aujourd'hui, 18 de ces langues ont un statut officiel, dont le hindi qui est parlé par 40 % de la population.

8   Utsa Patnaik est professeur d'économie au Centre for Economic Studies and Planning, à l'Université Jawaharlal Nehru de New Delhi. Son étude est citée dans Attac France, article 31/05/2002, *Les exportations à tout prix : la recette du libre-échange proposée par Oxfam pour le tiers-monde.*

9   Navin Chawla, *Mère Teresa. Une vie pour l'amour*, L'Archipel, p. 35.

10 Extrait de Desmond Doig, *Mère Teresa et les siens*, Éditions Lannoo, rapporté dans Monique de Huertas, *Op. cit.*, p. 37.

11 Le père van Exem eut une influence heureuse sur la religieuse et plaida sa cause à maintes reprises devant les autorités ecclésiastiques.

12 Propos rapportés par le père van Exem dans le film sur Mère Teresa réalisé par Ann Petrie pour le compte de Petrie Productions Canada (1986).

13 L'accession des Indes britanniques à l'indépendance amène la partition du territoire en deux États distincts créés sur des bases religieuses : l'Inde dont plus des trois-quarts de la population pratique l'hindouisme, et le Pakistan, à très forte majorité musulmane. Le Pakistan est alors composé de deux territoires séparés par 1 600 kilomètres du pays indien : le Pakistan occidental qui, en 1971, deviendra le Pakistan que l'on connaît aujourd'hui, et le Pakistan oriental qui deviendra le Bangladesh.

14 Mohandas Gandhi, issu d'une « classe supérieure », fit des études de droit en Grande-Bretagne puis, pendant 21 ans, travailla comme conseiller juridique auprès d'une entreprise indienne en Afrique du Sud. L'apartheid le transforma. De retour en Inde, il s'engagea dans l'action politique, au sein de l'Indian National Congress, et entreprit une campagne pour l'indépendance de son pays qui n'eut de cesse que lorsque les Anglais abandonnèrent leur colonie. Faisant appel à la désobéissance civile et à la non-violence, il connut la prison, notamment à cause de son appel — fructueux — au boycottage des produits britanniques. Afin de convaincre les hindous et les musulmans de vivre en paix, il eut recours au jeûne jusqu'à ce que mort s'ensuive. Mais il mourut de la main d'un nationaliste hindou, au cours d'une réunion de prière.

15 Pendant la saison des pluies, qui dure de juin à octobre, la mousson souffle un air humide sur tout le pays, en provenance de la mer d'Oman et du golfe du Bengale. Elle s'inverse ensuite pour plonger le pays dans une saison sèche qui, à compter de décembre, est marquée par des orages violents, des tempêtes tropicales et des températures qui dépassent parfois 50 ° dans certaines régions du pays. On sait que des pluies trop abondantes favorisent la prolifération des moustiques et le développement de maladies comme le paludisme.

16 Monique de Huertas, *Op. cit.*, p. 51.

17 Ce coton rugueux liséré de trois bandes bleues ne se vend plus dans les bazars de l'Inde. Il est fabriqué exclusivement pour les Missionnaires de la Charité.

18 Extrait d'une interview accordée à Raymond Saint-Pierre à Calcutta, en juin 2003.

19 Rapporté par Navin Chawla, *Op. cit.*, p. 84.

20 Extrait de l'interview qu'a accordée Dominique Lapierre à Raymond Saint-Pierre à Nice, en juin 2003. Dominique Lapierre est l'auteur, entre autres ouvrages, de *La Cité de la joie* qui est un tableau saisissant des bidonvilles de Calcutta. Il est également, avec Carol Kaplan, le scénariste du film *Mère Teresa*, production de Peter Shepherd, réalisation de Kevin Connor, avec Geraldine Chaplin dans le rôle de la religieuse. La version anglaise a pour titre *Mother Teresa: in the name of God's poor.*

21 Kali occupe une niche à part dans le panthéon hindou. Avec ses yeux rouges et sa peau noire, elle est terrifiante. On la représente avec plusieurs bras, la langue sortie et une guirlande de crânes autour du cou. C'est la déesse sanguinaire de la destruction et de la mort.

22 Navin Chawla, biographe de Mère Teresa, décrit sa première visite à *Nirmal Hriday* : « On pouvait voir près d'une centaine de corps émaciés, tous étendus sur des lits; chacun de ceux-ci portait un numéro peint au mur. Le calme qui régnait était encore plus frappant que les rayons de lumière filtrant par les lucarnes. On entendait à peine un son par-dessus le bruissement des saris, alors qu'à quelques mètres de là passait la rue bruyante. Je me rendis compte que je chuchotais, et quand, par inadvertance, le sac contenant mon appareil photo tomba à grand bruit, j'eus l'impression d'avoir commis un sacrilège hideux. On ne voyait aucun ornement religieux [...] ». (Navin Chawla, *Op. cit.*)

23 Selon le biographe Navin Chawla, l'archevêché a avancé 125 000 roupies, environ 10 000 livres sterling en valeur de 1953, que mère Teresa a remboursées en totalité par petits montants sur une période de plusieurs années.

24 Aujourd'hui, l'Acharya Jagdish Chandra Bose Road.

25 Monique de Huertas, *Op. cit.*, p. 75.

26 Traduction libre. Allocution de Mère Teresa lors de l'acceptation du Prix Nobel, Oslo, 1979.

27 Le biographe Navin Chawla, un agnostique, lui demanda un jour d'où lui était venue l'idée d'une tombola. « Si vous priez, vous aurez aussi des idées de ce genre », lui répondit Mère Teresa. (Navin Chawla, *Op. cit.*, p. 166.)

28 S. Gorrée et Jean Barbier, *Amour sans frontière : Mère Teresa de Calcutta*, cité dans Monique de Huertas, *Op. cit.*, p.76.

29 La lèpre se développe dans les milieux où l'hygiène fait défaut. Il s'agit d'une maladie qui, en général, se transmet directement par les humains, qui évolue lentement et, surtout, qui peut être guérie. En 1960, on estimait à douze millions le nombre de lépreux dans le monde, dont quatre millions en Inde seulement. Selon *l'Encyclopédie Agora*, ce nombre n'a pas diminué et l'Inde, avec le Brésil, demeure le principal foyer de la maladie. Par contre, l'Organisation mondiale de la santé parle de régression et estime que 524 000 lépreux sont hospitalisés dans les 103 pays qui ont communiqué leurs statistiques et qu'il y a eu 612 000 nouveaux cas en 2002.

L'héritage

« J'appartiens
au monde entier »

chapitre 4

« Je suis Albanaise de sang et d'origine, je suis Indienne de citoyenneté, je suis une religieuse catholique, mais, par ma vocation, j'appartiens au monde entier, et dans mon cœur, j'appartiens entièrement à Jésus[1]. »

Appartenir au monde entier, tel était le *karma* de Mère Teresa. Dès son enfance, dans Skopje, sa ville natale, les 25 000 habitants se croisaient dans un carrefour d'ethnies et de religions diverses.

Elle y avait appris l'ouverture et le respect de l'autre et n'avait probablement jamais imaginé que le monde puisse être différent. En choisissant les Religieuses de Loreto pour communauté religieuse, qu'elle savait avoir des missions en Inde, elle choisissait d'être missionnaire dans un pays multiethnique et multiculturel. Au mouroir de Kalighat, à Calcutta, elle respectait la religion de chacun : les catholiques, les musulmans et les hindous agonisaient et mouraient dans le respect de leurs croyances et recevaient les derniers devoirs selon le rituel de leur appartenance religieuse. Chacune des institutions qu'elle a mise sur pied, en Inde d'abord, et ensuite dans d'autres pays, a toujours pratiqué la même défé-

Pas de barrières à son amour, pas de barrières de race, de condition sociale, de religion.

rence envers ceux et celles qui s'y réfugiaient. « Pas de barrières à son amour, pas de barrières de race, de condition sociale, de religion », ainsi le cardinal Jean-Claude Turcotte résumait-il l'œcuménicité de Mère Teresa dans l'homélie qu'il a prononcée dans sa cathédrale de Montréal, quelques jours après sa mort.

Mis à part ses détracteurs inconditionnels, personne n'a vu de prosélytisme dans son action humanitaire. À sa mort, le premier ministre indien Inder Kumar Gujral l'a comparée au mahatma Gandhi : « Nous avons eu Gandhi pendant la première partie du siècle pour nous montrer la voie du combat contre la pauvreté. Au cours de la seconde moitié, Mère Teresa nous a montré la voie du travail pour les pauvres[2] » a-t-il dit aux journalistes lorsqu'il est venu présenter ses hommages à la défunte, à l'église Saint-Thomas de Calcutta. Le parallèle avec le mahatma Gandhi, qui situe irrévocablement son action dans son cadre humanitaire plutôt que religieux, a été repris par plusieurs, dont le rédacteur en chef de *The Earth Times* et biographe d'Indira Gandhi. « Où sont les emplois [...] demandait-elle, où sont les investissements en développement humain? Qu'est-il advenu de la vision du mahatma Gandhi et de Jawaharlal Nehru pour une Inde de justice? écrit Pranay Gupte, dans une chronique du *Newsweek International*. Des questions fondamentales, formulées par une simple femme dont le corps frêle contenait plus de

Elle était le porte-parole non élu des pauvres de partout.

pouvoir que n'importe quel autre leader mondial contemporain. Comme Gandhi, ce pouvoir, elle le tirait de sa spiritualité. Et comme Gandhi, elle était le porte-parole non élu des pauvres de partout[3] [...] ». L'homme d'affaires montréalais J.-Robert Ouimet, qui l'a rencontrée à quelques reprises et qui faisait partie des nombreux correspondants qu'elle avait dans le monde, explique à sa manière le rapprochement entre Gandhi et elle : « Les deux ont cru au pouvoir du silence et de la prière[4] », dit-il.

Ils ont par conséquent été nombreux, de par le monde, à penser qu'en la béatifiant selon ses rites, le Vatican se l'appropriait. L'organisme *Christianity Today*, fondé par Billy Graham, le plus grand évangéliste que les

États-Unis aient connu, les représente bien lorsqu'il écrit : « Mère Teresa appartient au monde entier, pas seulement aux catholiques romains, pas seulement aux chrétiens. Elle est, en fait, la première personnalité religieuse dans l'histoire à être vénérée de son vivant par les chrétiens et les croyants de toutes les traditions religieuses[5] ».

Pour beaucoup de gens qui ne partageaient pas sa foi, elle est une sainte, peu importe la religion. Pourquoi, alors, en faire une sainte catholique? Mgr Henry de Souza, qui a été l'initiateur de la cause de Mère Teresa auprès du Vatican, se porte à la défense de sa béatification : « C'est un point de vue. Par contre, nous ne pourrions avoir pour elle aucune dévotion particulière selon la règle de l'Église catholique. Une fois béatifiée, nous serons capables de lui ériger des statues dans les églises, de la vénérer publiquement, de la prier[6]. » Selon l'ancien archevêque de Calcutta, le mot « saint » n'a pas la même signification pour les non-catholiques : « Pour eux, le mot *saint* signifie simplement que quelqu'un est près de Dieu [...]. Déclarer que Mère Teresa est une sainte ne fait que

les conforter dans l'opinion qu'ils ont d'elle. De toute façon, je ne crois pas que la béatification créera une division entre les catholiques et les autres ou fera que les catholiques diront : " C'est notre sainte[7] ! " ». Mgr de Souza aime évoquer une visite qu'il fit, en compagnie de Mère Teresa, au premier ministre du Bengale-Occidental, le communiste Jyoti Basu[8]. À quelqu'un qui lui demandait à quoi tenaient ses relations, lui un communiste, avec une religieuse qui croyait en Dieu, M. Basu aurait répondu : « Le lien qui nous unit, c'est l'homme. Nous sommes unis dans le service des gens[9]. » « Elle pouvait tenir un discours qui lui permettait d'aller au-delà des divisions religieuses[10] [...] », conclut l'archevêque. De l'avis de plusieurs à Calcutta, « le vrai *miracle* de Mère Teresa restera le choc qu'elle produit dans des structures, sociales et mentales, aussi traditionnelles et inégalitaires que celles de l'Inde[11]. »

Ce discours qu'elle savait utiliser pour aplanir toutes les différences idéologiques, elle savait aussi l'utiliser au bon moment lorsqu'elle voulait forcer la main de quelqu'un. En 1985, elle est de passage à Addis-Abeba. Elle convoite deux immeubles vacants pour y aménager des orphelinats. Le gouvernement éthiopien est réticent. Elle profite alors de la présence des caméras de télévision pour formuler sa demande auprès du ministre responsable. Le ministre, fort embêté, n'a d'autre choix que d'acquiescer à sa demande. Le chanteur rock irlandais Bob Geldof, qui se trouvait à l'aéroport au même moment, a commenté la scène : « La conviction que son objectif devait être atteint la rendait peu patiente[12]. »

Cet incident démontre que Mère Teresa, qui attribuait pourtant à la prière tout ce qu'elle obtenait, a vite compris la puissance des médias. Déjà, en 1967, elle accepte d'accorder une interview d'une demi-heure au journaliste britannique Malcolm Muggeridge. Ses propos sont d'une telle banalité que la BBC hésite à la présenter, ce qu'elle fait finalement en fin de soirée, un dimanche. La réaction du public est immédiate et renversante : plus de 50 000 dollars tombent dans la caisse de la communauté... sans qu'il y ait eu appel de fonds. Deux ans plus tard — la petite communauté avait à peine vingt ans, tout comme la

Le célèbre écrivain Dominique Lapierre en compagnie de Mère Teresa

télévision — Malcolm Muggeridge présente le film *Something Beautiful for God* à la BBC et publie son livre sur l'œuvre des Missionnaires de la Charité. Le film est par la suite diffusé par d'autres télévisions. En peu de temps, Mère Teresa devient une célébrité. L'image, toujours la même, d'une toute petite religieuse dévouée au service des « plus pauvres d'entre les pauvres » fait vite le tour du monde.

La relation de Mère Teresa avec les médias n'a cependant rien de simple. Elle entend leur imposer ses règles avec la même main de fer qu'elle dirige sa communauté. Alors qu'elle est le personnage central de l'œuvre des Missionnaires de la Charité, elle s'obstine à détourner les journalistes de sa propre personne et à les orienter plutôt vers ce qu'elle appelle « l'œuvre de Dieu ». L'histoire de Dominique Lapierre à cet égard illustre bien l'entêtement de Mère Teresa à s'effacer devant l'action de ses religieuses, attitude qui a persisté toute sa vie. Auteur d'un ouvrage sur l'indépendance de l'Inde, *Cette nuit la liberté*, Dominique Lapierre décide de faire bénéficier d'une

> # Elle a compris que, à travers les médias, elle pouvait toucher des millions de gens qui étaient susceptibles de s'intéresser à la cause des pauvres.

partie de ses droits d'auteur le pays qui lui a permis d'écrire ce best-seller. Il se rend à Calcutta avec un chèque de 50 000 dollars et rencontre Mère Teresa afin qu'elle le guide dans son geste de bienfaisance. Elle le met en relation avec James Stevens qui dirige une maison, *Udayan*, consacrée aux enfants lépreux des bidonvilles de Calcutta. M. Lapierre en viendra, par la suite, à fonder une association de soutien aux enfants lépreux

qui lui permet de canaliser vers *Udayan*, mot qui signifie « résurrection », les dons de milliers de personnes. Il entretenait avec Mère Teresa une relation privilégiée. Pourtant, lorsque, plus tard, il veut faire un film de fiction sur elle, avec Geraldine Chaplin dans le rôle-titre, il se heurte à des difficultés insoupçonnées. « L'idée que quelqu'un d'autre pouvait être Mère Teresa, c'était un tel blasphème que j'ai dû vraiment remuer des montagnes pour arriver à mes fins[13] », dit-il. Mère Teresa, qui, par deux fois, en 1982 et en 1988, a autorisé le tournage du film, veut maintenant retirer cette autorisation parce qu'il la présente sous un jour trop spectaculaire. Le désaccord tourne à la polémique et risque un moment de se retrouver devant les tribunaux.

Les Missionnaires de la Charité ne badinent pas avec leur image, même si Mère Teresa, qui s'est défendue toute sa vie d'être politique, est, dans une certaine mesure, une création de la télévision. « Ce charisme médiatique, elle ne le cherchait pas au début, dit Dominique Lapierre. Et puis, il y a eu le prix Nobel en 1979, et tout ce qui l'a suivi. Elle a compris que, à travers les médias, elle pouvait toucher des millions de gens qui étaient susceptibles de s'intéresser à la cause des pauvres et à sa propre cause. Alors, elle est devenue très médiatique dans ce sens[14]. » Le jésuite Gaston Roberge est un spécialiste des communications de masse. Il a passé presque toute sa vie à Calcutta et a travaillé à plusieurs reprises avec Mère Teresa. « Il ne fallait pas aller au-delà des instructions qu'elle avait données. Par exemple, il fallait une permission écrite de sa main pour faire des images dans la maison des sœurs, dit-il. [...] Ce n'était pas carte blanche aux médias. Il y avait une préoccupation de projeter une image vraie. Son principe était double : d'une part, il ne fallait pas léser la dignité des pauvres dans la façon dont on en faisait les images et d'autre part, il ne fallait pas déranger le travail[15]. » Bien que le film de Muggeridge ait eu un impact certain dans les salles de rédaction, Dominique Lapierre croit que sa notoriété s'est établie plus tard : « Puis, une université a commencé à lui donner un doctorat honorifique, puis, elle a été faite citoyenne d'honneur de ceci, de cela. Et puis, tout d'un coup, il y a eu ce grand choc du prix Nobel qui a changé probablement sa vision des choses. Parce qu'elle se trouvait dans un monde médiatique absolument inimaginable. (Son quartier général à Calcutta) devenait l'antichambre d'un studio de Hollywood[16]! »

Les médias s'entichent d'elle au point qu'on ne sait plus s'ils s'en servent pour attirer la clientèle ou si c'est elle qui les manipule. Certains lui ont même

Gaston Roberge,
jésuite d'origine canadienne,
en poste à Calcutta
depuis près de 40 ans

reproché d'avoir exploité de manière bien calculée une image misérabiliste d'elle-même parce qu'elle était rentable. « Son génie consistait à donner une image de simplicité, dit l'auteur Christopher Hitchens, qui fut son contempteur le plus assidu et le plus acharné. Lorsqu'elle a rencontré le pape pour la première fois au Vatican, elle est arrivée en autobus, habillée de son sari qui coûtait une roupie. C'est ce que j'appelle se comporter de façon ostentatoire. Une personne normale aurait au moins revêtu sa plus belle écharpe et aurait pris un taxi. [...] C'est manifestement théâtral et calculé. Et pourtant, c'est immédiatement perçu comme un signe de sainteté et de dévotion. Il ne faut pas être trop cynique pour voir ce qui se cache derrière[17] [...]. » « Elle désirait la collaboration des médias pour faire connaître son travail qu'elle appelait *God's Work*. Elle avait besoin des médias pour cela », répond le père Roberge. « Projetait-elle une image misérabiliste d'elle-même? En un sens, oui. (Mais) quand il y a des millions de pauvres, ça vaut la peine d'en parler, et d'en parler avec force et conviction. [...] L'image " pauvriste ", il se peut que des gens l'aient perçue

comme exclusive. [...] Les images totales (qui montrent les riches comme les pauvres), les *balanced pictures* ne mènent pas à l'action[18]. » Faut-il alors conclure qu'elle a un sens aigu du spectacle et qu'elle l'utilise pour promouvoir sa cause? Le 9 novembre 1979, à une réception officielle du gouvernement indien qui veut souligner son obtention du prix Nobel de la paix, elle refuse de participer au banquet, demandant plutôt « un peu de pain et un verre d'eau parce qu'il y a tant de mes frères et de mes sœurs qui meurent de faim ». Est-elle consciente de l'impact d'un tel accroc au protocole? Le résultat est, en tout cas, spectaculaire : le banquet est annulé, les victuailles distribuées aux pauvres et les personnalités présentes sont invitées, ce qu'elles acceptent de bonne grâce, à la suivre au mouroir « parce qu'elle doit maintenant aller travailler ». Imaginons, dans une société de castes, tous ces ministres et dignitaires au chevet des agonisants. « C'était vraiment quelque chose d'incroyable dans le pays, dira plus tard Mère Teresa, des personnages éminents et connus étaient venus chez les lépreux et les mourants... Quelque chose de phénoménal, dépassant toute imagination[19]... » Tout ceci a-t-il été planifié? Elle n'a pas pensé une seconde au protocole[20], soutient la biographe Monique de Huertas.

Quoi qu'il en soit, en 1962, quelques années avant le film de Malcolm Muggeridge, elle reçoit les prix *Padmashri* et *Magsaysay*, ses premières distinctions. Celles-ci se multiplient : prix international Jean XXIII, prix John Kennedy, prix Léon Tolstoï, prix Templeton, reçu des mains du prince Philip et qui représente plus d'argent que le prix Nobel, prix de l'UNESCO pour l'éducation à la paix, le *British Order of Merit*, la médaille Ceres de la FAO, la citoyenneté indienne, celles, honorifiques, des États-Unis, de la ville de Rome, etc. Sans compter les nombreux doctorats que lui ont décernés des universités aussi prestigieuses que Harvard, Cambridge, Madras et San Diego.

Il ne fait cependant aucun doute que c'est grâce à la puissance des médias que son message s'est répandu dans le monde comme nul autre message humanitaire auparavant. Un jour, elle a dit[21] : « J'ai trouvé un homme dans la rue. Il était rongé par les vers. Personne n'osait l'approcher tellement il sentait mauvais. Je suis allée à lui pour nettoyer ses plaies. Et il m'a dit : " Pourquoi faites-vous cela? " " Parce que je vous aime! " » Cette phrase pourtant toute simple, anecdotique même, était porteuse d'un

Pourquoi faites-vous cela? Parce que je vous aime!

message qui est allé directement au cœur des gens. Chacun s'imaginait faisant modestement un geste pour soulager le malheur de quelques déshérités. Par-delà les grandes organisations mondiales et les fondations bienfaisantes spécialisées en la matière, la charité avait tout à coup un autre visage, et chacun voulait lui ressembler. Les grands de ce monde ont cherché sa compagnie. Certains par intérêt, d'autres pour se donner bonne conscience, d'autres enfin pour, sincèrement, partager quelque peu la tâche impossible qui était

En compagnie du Prince Charles

la sienne. Ils ont tous voulu se faire voir à ses côtés, le président Ronald Reagan des États-Unis, la première ministre Margaret Thatcher de Grande-Bretagne, le prince Charles d'Angleterre, la famille Duvalier. À sa mort, les « têtes couronnées » se sont bousculées à ses funérailles : Sonia Gandhi, l'épouse de Rajiv, assassiné six ans plus tôt, Bernadette Chirac, Hillary Clinton, Aline Chrétien, les reines Sofia d'Espagne, Nour de Jordanie, Fabiola de Belgique, les présidents de l'Inde, de l'Albanie et bien d'autres.

Une de ces personnes, Diana Spencer, princesse de Galles, bénéficia plus particulièrement de l'attention de Mère Teresa. C'était une bien étrange relation : elle, riche, élégante, belle jusqu'à la provocation, l'autre, qui lui arrivait à peine à l'épaule, courbée, ridée et vêtue de son sari bleu et blanc de coton. Le charisme de Diana, tout comme celui de Mère Teresa, lui était propre, mais en même temps, leur action participait d'un modèle absolument différent. Il suffisait que Diana s'assoie sur le lit d'un sidatique, elle qui avait toujours une nuée de photographes et de caméramans à ses trousses, pour que l'image fasse le tour du monde. Pendant ce temps, jour après jour, Mère Teresa consacrait chaque instant de son existence aux déshérités, peu importe d'où leur venait leur malheur. Chacune dans son univers, mise à part une compassion commune pour les désespérés, où pouvaient-elles se rejoindre? Se pourrait-il que Mère Teresa ait considéré Diana Spencer comme une « déshéritée », parce que mise au ban de sa belle-famille, dépouillée de ses titres de noblesse et sacrifiée aux convenances? « Voici Diana, désormais une étrangère, repoussée, rejetée par une famille de fossiles, une fois qu'elle eut produit l'héritier de cette institution archaïque et inutile, écrit le chroniqueur Ashok Chandwani. Affolée et humiliée, Diana restaure sa dignité dans les bras d'autres étrangers, les victimes du sida, des mines antipersonnel et un playboy égyptien[22]! ». Rien, à première vue, ne semble rapprocher les deux femmes : les soixante ans qui les séparent, leur train de vie, leurs avoirs personnels, leurs relations, leur statut social, leur religion. Les préoccupations soudaines de Diana pour les malades du sida et les victimes des mines

antipersonnel ne peuvent expliquer cette attirance qu'elles ressentent l'une envers l'autre. Ne sont-ils pas légion, dans le monde, ceux et celles qui sont engagés dans des œuvres humanitaires? Il serait grotesque d'établir un parallèle entre le dévouement de l'une et de l'autre. Alors, que partagent-elles? Simplement de compter parmi les femmes les plus admirées dans le monde, d'être constamment dans la mire des médias et de mourir la même semaine dans un délire d'émotions planétaire. « Ce qu'il y a d'écœurant dans notre siècle, écrit le chroniqueur Jacques Juliard dans *Le Nouvel Observateur* à l'occasion de la mort de Mère Teresa, ce n'est ni la violence ni la sensiblerie, mais leur mélange et le trafic auquel il donne lieu; ce n'est pas, comme on le dit souvent, la disparition des valeurs, mais leur confusion dans le noir chaudron de la bêtise et de la vulgarité[23]. » Réaction excessive?

Les télévisions du monde entier ont donné aux funérailles de Mère Teresa une couverture que certains ont qualifiée de disproportionnée. Pourquoi? Parce que, quelques jours auparavant, elles avaient accordé une importance scandaleusement exagérée à celles de Diana. « À la question de savoir si nous nous sentions coupables au moment de couvrir les funérailles de Mère Teresa quelques jours plus tard, la réponse est oui », dit Kevin Newman, présentateur à la chaîne ABC, lors d'une rencontre de diffuseurs nord-américains tenue à Toronto[24], en mai 1998. Même sentiment de culpabilité à Radio-Canada/ CBC. « La CBC n'aurait pas couvert les funérailles de Mère Teresa de la façon dont nous l'avons fait. Nous répondions à un sentiment de culpabilité en nous-mêmes, mais aussi à celui qui animait la population[25] », a reconnu Kelly Crichton, responsable à l'époque du téléjournal de fin de soirée à la chaîne anglaise de Radio-Canada. Quoi qu'on en dise, Mère Teresa vouait à cette relation une attention particulière qu'il faut classer parmi les mystères qui ont marqué sa vie. « Elle est toujours sous le choc de la mort de Diana[26] », a dit Sunita Kumar, une laïque indienne qui fut pendant de nombreuses années une confidente de Mère Teresa, quelques heures avant sa mort.

Ses relations avec les médias, ses fréquentations des grands de ce monde font partie des nombreuses controverses qu'elle a suscitées dans sa vie comme dans ses prises de position. En Inde, la plus grande démocratie au monde où se croisent tous les courants politiques, l'extrême droite l'accusait de baptiser en cachette les enfants hindous dont elle assumait la charge; l'extrême gauche, d'être le fer de lance d'une offensive d'extrême droite orchestrée par le Vatican. Dans ce pays qui compte plus d'un milliard d'habitants, dont le gouvernement proclamait qu'« une petite famille est une famille heureuse », elle ne pouvait pas s'opposer avec autant de véhémence à l'avortement —

permis par les lois — sans devenir une personnalité controversée. Son action l'a par conséquent propulsée, probablement malgré elle, dans le feu de grands enjeux politiques. Ce fut aussi le cas dans beaucoup de pays où ses convictions l'amenaient à se mêler de ce qui l'a préoccupée toute sa vie, la pauvreté et l'avortement. Sa prise de position sur l'avortement, qu'elle ne ratait jamais une occasion d'affirmer, l'a d'ailleurs mise en contradiction avec des gens qui l'admiraient. Afin de ne pas minimiser son auréole, certains auteurs ont omis de l'évoquer alors que d'autres ont plutôt interprété sa position comme absolue : « une opposition féroce à la régulation des naissances[27] », écrivait notamment le magazine *Maclean's* peu après sa mort.

La lecture de ses nombreuses déclarations sur la question de la limitation des naissances permet de comprendre que ses luttes contre la stérilisation, la contraception et surtout contre l'avortement sont rigoureusement conformes à la doctrine traditionnelle de l'Église catholique. Bien qu'elle ait à quelques occasions employé le mot « meurtre », les propos qu'elle a tenus lors de

son acceptation du prix Nobel comptent parmi les plus durs qu'elle ait jamais prononcés sur le sujet : « Beaucoup de gens sont bouleversés parce que de nombreux enfants meurent de malnutrition et de faim en Inde et en Afrique. Mais des millions d'autres meurent de par la volonté délibérée de leur mère. Et c'est ce qui menace le plus la paix aujourd'hui. Si une mère peut tuer son enfant, qu'est-ce qui m'empêche de vous tuer et vous, de me tuer? Il n'y a rien entre l'avortement et la guerre[28] ». Elle disait à tous ceux qui prêtaient attention à ses suppliques : « Si vous ne voulez pas de votre enfant, donnez-le-moi ! » Dans une interview qu'elle accordait sur les ondes de Radio-Canada, lors de sa visite au Canada en 1988, elle déclarait : « Il faut faire son choix avant la conception. L'enfant qui naît a le droit de vivre, même s'il est né d'un viol, même si la mère meurt. C'est la grandeur de l'amour maternel. C'est une question de conscience, pas de législation[29]. » Deux jours plus tard, elle réaffirmait sa position à l'antenne de la CBC[30]. Déjà, en 1985, dans une allocution qu'elle prononçait lors des fêtes célébrant le 40e anni-

Si vous ne voulez pas de votre enfant, donnez-le-moi !

versaire de l'ONU, elle lançait à la face des nations un cri contre l'avortement : « Nous avons peur de la guerre nucléaire. Nous avons peur de cette maladie, le sida. Mais nous n'avons pas peur de tuer un enfant innocent. Je pense qu'aujourd'hui l'avortement est devenu le plus grand destructeur de la paix[31]. » Pendant sa visite au Canada, en 1988, elle participe à un grand ralliement provie devant le parlement fédéral, à Ottawa. « Si j'en avais le pouvoir, a-t-elle déclaré dans une allocution, j'emprisonnerais tous les médecins et les mères qui tuent leurs enfants[32] [...] » Cette charge, lancée à l'emporte-pièce, suscite évidemment des réactions de la part des mouvements pro-choix, également celle du Dr Henry Morgentaler, un spécialiste de l'avortement qui a connu la prison pour l'avoir pratiqué.

Dans une lettre au quotidien *The Globe and Mail*, il juge que les idées de Mère Teresa sont tellement dures et déconnectées des temps que nous vivons qu'elles doivent être rejetées par tous les gens sensés[33]. Cette année-là, la question de l'avortement occupait les débats à la Chambre des communes et le premier ministre Brian Mulroney jugea préférable, pour des raisons politiques, de ne pas rencontrer la religieuse. Elle portait son message avec acharnement partout où elle était invitée à le faire. On se souvient de son implication dans le référendum de 1995 en Irlande, qui allait décider du statut constitutionnel de l'avortement.

Son action missionnaire et sociale s'est toujours inscrite à l'intérieur de la doctrine de l'Église et sa prise de position sur l'avortement n'est pas plus conservatrice que celle de Jean-Paul II qui avait incité les femmes violées de Bosnie à renoncer à l'avortement. Mère Teresa avait elle-même, plusieurs années auparavant et dans des circonstances dramatiquement semblables, incité les femmes du Bangladesh à garder leur enfant. Sa position est nette : elle reconnaît aux parents le droit, dans

des circonstances semblables, de limiter les naissances, mais par l'application du « planning familial naturel », basé sur l'abstinence et la force morale du couple. Les cliniques de régulation des naissances font d'ailleurs partie, depuis leur début, des œuvres des Missionnaires de la Charité. « Mère Teresa n'était pas pour la prolifération à tout prix des familles, dit Dominique Lapierre. J'ai vu des institutions de planning familial créées par Mère Teresa [...] j'ai assisté à des cours, à des classes qu'elle donnait, qu'elle faisait donner par ses sœurs, avec des tableaux au mur, la théorie de la chaleur et tout ça, où elles expliquaient à des mères de famille comment, par des voies normales et naturelles, ne pas avoir d'enfant. Mais elle me disait toujours qu'il fallait que le mari soit d'accord. Et, naturellement, en milieu musulman, c'était toujours un peu plus difficile[34]... » M. Lapierre connaît assez bien la société indienne pour affirmer que, dans ce pays, une grande famille, beaucoup d'enfants, c'est une richesse. « La religion hindoue, dit-il, prescrit à un père de famille qu'il ait, pour conduire le rite de ses funérailles le jour où il mourra, un fils. Autrefois, pour être sûr d'avoir un fils, il fallait en faire cinq parce qu'il y en avait trois ou quatre qui mouraient en bas âge. [...] Aujourd'hui, il y a moins de morts causées par des maladies, ce qui fait qu'il y a un accroissement de population[35]. » Le père Gaston Roberge fournit une autre explication : « Dans la plupart des familles pauvres, au moins à une certaine période où Mère Teresa faisait son travail, il faut plus que deux enfants. Il y en a certainement un ou deux qui vont mourir avant l'âge de cinq ans. Comment avoir le courage de dire à ces gens : limitez-vous à deux, ça ira mieux? Qui est-ce qui va s'occuper d'eux quand ils seront plus vieux, surtout si l'un ou l'autre meurt[36]? » Personne ne conteste que la méthode de régulation des naissances par des moyens naturels ne soit pas la plus sûre, elle dépend de tellement de facteurs variables, et Mère Teresa n'avait pas la naïveté de le prétendre. Mais, quels que soient les ris-ques qu'encourent les couples qui s'en tiennent au « planning familial naturel », elle ne s'est jamais permis le moindre compromis sur la question.

Il est permis de penser qu'en de nombreuses occasions, elle s'est comportée en politicienne et a voulu manipuler les médias. À Oslo, par exemple, elle est descendue d'avion en sandales, avec son éternel vieux cabas de voyage et vêtue de son sari habituel sous une température plus près de celle des pays du Nord que des 40° de Calcutta. Une telle image ne pouvait pas ne pas se retrouver, le soir même, sur tous les écrans du monde. Mais son discours n'a pas divergé d'un iota, bien qu'elle sût qu'il allait à contre-courant de l'opinion publique mondiale, même des catholi-ques. Elle n'ignorait pas que sa position, inscrite dans la tradi-tion très conservatrice des mou-vements pro-vie, pouvait indis-poser des gouvernements, des hauts fonctionnaires d'organis-mes non gouvernementaux ou d'organismes internationaux de développement dont la gestion de la natalité constitue l'un des programmes essentiels et surtout, des millions de philanthropes susceptibles de souscrire à sa cause et à sa communauté. Elle n'en a jamais dévié pour autant. Et c'est peut-être dans cette irréductibilité, dans ce refus total du compromis au sujet de l'avortement qu'apparaissent le vrai caractère de Mère Teresa et sa conviction profonde d'être dans le droit chemin, d'être dans la seule voie que lui dictaient sa foi et sa loyauté envers Jean-Paul II. Il aurait été tellement plus facile pour elle de s'inventer sur cette épineuse question une théologie de la libération dans un pays où l'avortement avait statut légal et où la surpopulation était devenu un problème criant.

Même si elle n'a pu y échapper et qu'elle y a été mêlée à son corps défendant, elle a toujours refusé de s'associer ou de participer aux stratégies organisées de lutte à la pauvreté. Certains disaient qu'elle n'avait pas éliminé la misère en Inde, qu'elle ne regardait que la souffrance des personnes, mais refusait de s'asseoir avec les autorités administratives pour s'attaquer aux racines du mal. Quand on lui citait le célèbre proverbe « Ne donnons pas un poisson à l'indigent, apprenons-lui à pêcher », elle disait : « Oui, mais ceux qui viennent à moi n'ont même plus la force de tenir une canne à pêche! » Dominique Lapierre, qui l'ima-

ginait bien, elle, Prix Nobel de la paix, faisant une grève de la faim devant le siège des Nations Unies pour sensibiliser les chefs d'État au problème de la pauvreté, lui dit un jour : « Vous ne vous battez pas assez pour changer les causes de tout ce que vous dénoncez dans votre action quotidienne. » Elle lui répondit : « Ça, ce n'est pas ma mission, ce n'est pas mon charisme. Moi, je m'occupe des individus, je m'occupe des personnes, je m'occupe d'un lépreux, d'un homme que la police de Calcutta amène au mouroir et qui va recevoir pendant quelques heures un peu d'amour avant de paraître devant Dieu. Il y a d'autres personnes, mieux qualifiées que moi, pour dénoncer les scandales qui aboutissent à ces situations[37]. » Pour elle, ce n'est pas le rôle d'une communauté religieuse de chercher des solutions aux problèmes de la pauvreté et du déséquilibre entre les classes économiques d'une société.

Sur cette question comme sur bien d'autres, les Missionnaires de la Charité ont dû, à sa mort, vivre avec l'héritage qu'elle leur a laissé, un héritage dont il est permis de dire qu'il est beaucoup moins adapté aux impératifs de

justice du monde contemporain qu'il ne l'était aux réalités d'il y a cinquante ans. Pourtant, son message continue de provoquer les consciences. La communauté

Moi, je m'occupe des individus, je m'occupe des personnes...

est la seule, croit-on, qui refuse des vocations, faute de places, même si elle est maintenant dirigée par une supérieure générale, sœur Nirmala, qui est très différente de ce qu'était Mère Teresa. Nirmala Joshi est d'abord une Asiatique. Elle est née en 1934 à Ranchi, dans le Bihar, membre d'une famille de dix enfants. Son père, originaire du Népal, était un officier de l'armée indienne et appartenait à la première des castes traditionnelles indiennes, la caste sacerdotale des brahmanes. Elle a reçu son éducation dans une école catholique de Patna, mais est demeurée hindoue jusqu'à l'âge de 24 ans (certaines sources placent sa conversion à l'âge de 17 ans). Profondément traumatisée pendant toute son adolescence par les milliers de morts que causaient les conflits entre hindous et musulmans et par l'arrivée de millions de réfugiés consécutive à la partition de l'Inde, elle entendit parler de Mère Teresa et de son œuvre. Elle alla la rencontrer à Calcutta. Ayant déjà une formation en sciences politiques, elle étudia le droit à la suggestion de Mère Teresa. Lorsqu'elle fut élue à la tête des Missionnaires de la Charité, en mars 1997, elle refusa le titre de « mère », estimant qu'il ne pouvait revenir qu'à Mère Teresa qui, d'ailleurs, était toujours présente dans la communauté. Bien que d'autres candidates, missionnaires de la première heure et plus près de Mère Teresa, aient pu avoir des prétentions à sa succession, sœur Nirmala avait le profil qui correspondait au souhait du pape : celui-ci, dans une lettre, avait invité les sœurs à élire une candidate reconnue pour sa profondeur spirituelle. Or, avant de devenir supérieure générale, sœur Nirmala a dirigé pendant près de vingt ans la branche contemplative des Missionnaires de la Charité qui compte des couvents dans plusieurs parties du monde. Femme énergique et de décision, elle est, selon Dominique Lapierre, « une autre forme de Mère Teresa. Mais elle n'aura jamais le charisme médiatique qu'avait Mère Teresa[38]. »

On a cru qu'à la mort de la fondatrice, l'empire de la charité qu'elle avait mis sur pied allait s'étioler. Sans elle, comment assurer la survie d'autant de religieuses, d'autant d'institutions, tout en poursuivant la règle que Mère Teresa a imposée à sa communauté toute sa vie : pas de collectes de fonds. « Comme nous dépendons de la divine Providence pour nos besoins et ceux des pauvres, disait-elle, j'estime que les collectes de fonds et les contributions mensuelles vont à l'encontre de notre esprit. Donc, nous ne donnons à personne ni à aucune organisation la permission de recueillir de l'argent pour notre travail[39]. » Elle interdisait même aux collaborateurs, éparpillés un peu partout dans le monde, de se transformer en organismes structurés avec dirigeants et comptes bancaires. En 1993, dans une lettre qu'elle leur adressait, elle leur intimait l'ordre de respecter la règle[40] : « Si vous voyez quelqu'un collecter de l'argent

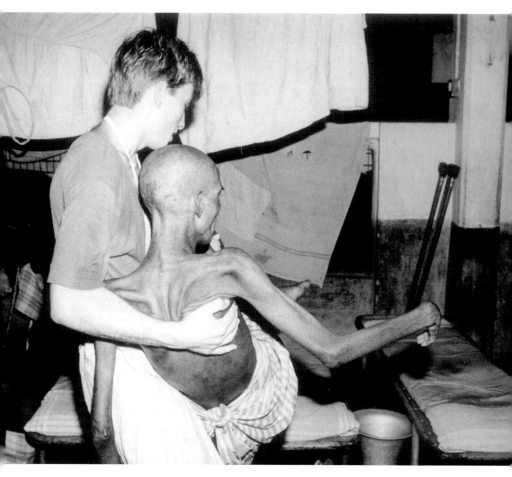

Un bénévole à l'œuvre

en mon nom, s'il vous plaît arrê-tez-le! » Dans le film[41] de Ann Petrie, une scène captée sur le vif lors de son voyage au Guatemala illustre bien sa fermeté à ce sujet. Un Américain qui l'accompagne se précipite, à un certain mo-ment, pour prendre une photo et dit : « Cette photo va me servir à collecter des fonds et des médi-caments à mon retour aux États-Unis. » « Non, lui dit Mère Teresa, vous n'avez pas à faire de collecte pour nous. Je n'autorise person-ne à collecter quoi que ce soit en notre nom. ». L'Américain : « J'aimerais cependant... » Mère Teresa l'interrompt : « Non. Vous pouvez, vous, vous rendre utile, mais je vous en prie, ne quémandez rien. » L'Américain : « Vous faites un travail formidable! » Mère Teresa : « C'est l'œuvre de Dieu. Nous ne voulons dépendre que de la divine Providence. Tout ce que nous attendons des gens, c'est qu'ils partagent la joie et l'amour. D'accord? » Elle avait une telle hantise de voir sa communauté s'éprendre de la richesse et du confort qu'à l'inauguration de la maison de sa communauté, à San Francisco, elle a fait arracher les tapis que des bienfaiteurs avaient fait installer et les a fait déposer dans la ruelle. Elle disait : « Nous n'acceptons aucune subvention gouvernementale, aucun denier du culte, aucun salaire, aucune allocation, aucun revenu matériel[42]. »

On a cru aussi que le départ de Mère Teresa allait refroidir l'enthousiasme des nombreux bénévoles qui viennent à *Nirmal Hriday*, un mois, trois mois, six mois, se consacrer au service des mourants. Professionnels à la retraite, femmes à l'aise tout à coup saisies d'un besoin de penser aux malheurs des autres, jeunes gens de partout dans le monde soucieux de donner un sens à leur vie. Un exemple : ce Torontois, David Ramjattam, venu au mouroir pour quelques mois. « Ça signifie que je mets de côté ce qui constitue mes valeurs en Amérique du Nord. C'est mortifiant d'être ici, d'en venir à aimer laver les cheveux de quelqu'un, l'amener à la toilette. Je n'ai jamais vécu cette expérience à Toronto. J'ai tellement appris des gens que lorsque je retournerai au Canada, si je vois quelqu'un dans la rue, je comprendrai mieux et j'espère que je pourrai faire quelque chose pour ces gens[43]. »

Si vous voyez quelqu'un collecter de l'argent en mon nom, s'il vous plaît arrêtez-le!

Cette mystique de la relation de charité qui s'établit de personne à personne, dont Mère Teresa a donné l'exemple toute sa vie, était à ce point la pierre angulaire de son action, correspondait tellement à ce qu'il y a de bon dans chaque être humain que, même si elle n'est plus là, la communauté continue de prendre de l'expansion. Les Missionnaires de la Charité, qui comptent plus de 4 500 religieuses, en plus de 450 prêtres et frères, dirigent aujourd'hui 710 maisons dans 132 pays, tant pauvres que riches, tels les États-Unis, le Canada et certains pays d'Europe; 228 de ces maisons se trouvent en Inde. À Montréal, elles sont venues en 1988, à l'invitation du cardinal Paul Grégoire. Logées tout d'abord rue Drolet, elles ont vite constaté que le quartier du Plateau Mont-Royal était trop « gentrifié » pour qu'elles puissent accomplir leur mission. Elles sont maintenant installées rue Champagne, dans le quartier ouvrier d'Hochelaga Maisonneuve. Leurs activités ressemblent, dans une certaine mesure, à celles des centaines d'autres maisons des Missionnaires de la Charité dans

Les Missionnaires de la charité,
à l'œuvre à Toronto

le monde, marquées d'une souplesse d'adaptation remarquable, comme si l'entière disponibilité aux besoins des autres était leur première vertu. C'est ainsi qu'à Montréal, en plus du centre de jour, de l'hébergement des femmes en difficulté, des visites aux prisonniers, aux personnes isolées ou en foyers d'hébergement, elles entretiennent une relation spéciale avec la population haïtienne, nombreuse dans cette ville. À Toronto, jugeant le problème particulièrement aigu, les religieuses apportent une attention particulière aux enfants et aux adolescents « qui traînent les rues après l'école parce que leurs mères travaillent[44] », dit l'une d'elles, sœur Maryse. La supérieure, sœur Roberta, précise : « Nous avons une colonie de vacances pour eux. Nous nous occupons

d'eux l'après-midi, après l'école, nous les aidons dans leurs travaux scolaires, même le samedi. Le dimanche, nous étudions la Bible avec eux[45]. » Dans cette ville cosmopolite, les religieuses apportent également une assistance aux familles de réfugiés et d'immigrants « qui découvrent que ce n'est pas aussi formidable qu'ils l'avaient cru et qu'ils ne peuvent trouver un emploi[46]. » Le regard que porte sœur Maryse sur la pauvreté conditionne, semble-t-il, l'action des missionnaires dans les pays riches : « En Haïti, je n'ai pas trouvé beaucoup de personnes seules, parce qu'ils sont tellement pauvres qu'ils sont tous ensemble, dans des taudis dont les portes sont ouvertes à tout le monde. Tandis qu'ici, on trouve beaucoup de personnes seules. Et aussi beaucoup de malades mentaux qui sont rejetés par la société, qui sont trop lourds à porter pour la famille. Même pour nous, c'est difficile... Comment des personnes peuvent-elles vivre 24 heures sur 24 avec quelqu'un qui a une maladie mentale? C'est difficile[47]... »

Plus de six ans après sa mort, l'œuvre de Mère Teresa se poursuit; elle va même en s'amplifiant. L'érosion de la ferveur qu'elle a engendrée et qui l'a accompagnée toute sa vie ne s'est pas produite. Pourquoi? « Parce que ce travail n'était pas le sien, dit le père Roberge. Il a commencé à travers elle, avec son consentement, mais ce n'était pas son travail. Ce travail va continuer. Le charisme ne sera peut-être pas aussi vibrant, on ne sait pas. Mais pourquoi dirais-je cela? Qui suis-je pour le dire[48]? »

Notes

1   *By blood and origin, I am all Albanian. My citizenship is Indian. I am a Catholic nun. As to my calling, I belong to the whole world. And as to my heart, I belong entirely to Jesus.* (http://www.christianitytoday.com/ch/2000/001/4.20html).

2   *India Prime minister I.K. Gujral flew to Calcutta to pay his respects and to compare Mother Teresa's work, in a predominantly Hindu nation, with that of Mahatma Gandhi. He also called on Indians to create a lasting testimony by fighting poverty and hunger with her famous dogged determination.* (The Globe and Mail, édition du 8 septembre 1997).

3   *Where are the jobs, she would ask, where was the large-scale investment in human development? What happened to the vision of Mahatma Gandhi and Jawaharlal Nehru, for a just India? Powerful questions, articulated by a simple woman whose frail body packed more power than any other contemporary world figure. Like Gandhi, that power, of course,*

flowed from her spiritual wellspring. And like Gandhi, Mother Teresa was an unelected spokesman for the poor everywhere [...]. (Extrait d'une chronique reproduite par CNN sur le site Internet http://cnn.com /WORLD/9709/mother.teresa)

4 « J.-Robert Ouimet, témoin privilégié de la vie de Mère Teresa », *La Presse*, édition du 14 septembre 1997. M. Ouimet a été l'un des organisateurs de la visite de la religieuse au Québec en 1986.

5 *Mother Teresa belongs to the whole world – not to Roman Catholics only, not to Christians only. Indeed, she is the first religious figure in history to be revered during her lifetime by adherents of all religions and Christians of all denominations.* (Christianity Today.com) ChristianityToday International a son siège social en Illinois, aux États-Unis.

6 *There is a point of view in that. On the other side, we should not be able to have any public devotion to her by the rule of the Catholic Church. When she will be declared blessed, we will be able to erect statues for her, put her for public veneration [...], public can pray to her.* (Interview accordée à Raymond Saint-Pierre à Calcutta, en juin 2003)

7 *For them, the word saint does not have the same connotation as for us, catholics. For them, the word refers to someone who is very intimate and close to God [...]. And therefore having made her or declared her as a saint will only comfort them in their understanding of Mother Teresa. In any way, I don't think it will divide the catholics from others or the catholics saying: this is our saint! Ibid.*

8 Jyoti Basu, un des fondateurs du parti communiste indien, est une légende au Bengale-Occidental. Il a pris sa retraite en novembre 2001, à l'âge de 87 ans, au terme d'une carrière politique qui a duré 55 ans. Il a été premier ministre pendant 24 ans.

9 *The link that joins Mother and me is man. We are united in the service of people. Ibid.*

10 *She was able in her talk to speak a language by which she went beyond the denomination division of people [...]. Ibid.*

11 *Le Monde*, édition du 13 septembre 1997.

12 *There was a certainty of purpose which left her little patience.* (ChristianityToday.com, *Christian History*, Winter 2000.) Cette année-là, Bob Geldof, bouleversé par la famine qui sévissait en Afrique, organisa, à Philadelphie et à Wembley, près de Londres, un concert monstre au bénéfice des affamés d'Éthiopie; une quarantaine d'artistes y participèrent. Le concert *Nourissez le monde* fut télédiffusé partout sur la planète et des millions de disques en furent vendus.

13 Interview accordée à Raymond Saint-Pierre à Ramatuelle, en juin 2003.

14 *Ibid.*

15 Interview accordée à Raymond Saint-Pierre à Calcutta, en juin 2003.

16 *Ibid.*

17 *The genius of it is to make it look simple. When Mother Teresa first met the pope in the Vatican, she*

arrived by bus dressed only in a sari that cost one rupee. Now that would be my definition of behaving ostentatiously. A normal person would put on at least her best scarf and take a taxi. [...] It's obviously theatrical and calculated. And yet it is immediately written down as a sign of her utter holiness and devotion. Well, one doesn't have to be too cynical to see through it. (Matt Cherry, *Christopher Hitchens On Mother Teresa - Interview. Free Inquiry,* vol. 16, no. 4).

18 Interview accordée à Raymond Saint-Pierre à Calcutta, en juin 2003.

19 Monique de Huertas, *Op. cit.,* p. 214.

20 *Ibid.*

21 Citation tirée du film réalisé sur Mère Teresa par Ann Petrie pour le compte de Petrie Productions (Canada), 1986. Ce film a été diffusé par le Réseau de l'information de Radio-Canada, dans le cadre des *Grands reportages.*

22 *There is Diana, forced to be an outsider, shunned and discarded by a family of fossils once she had produced a heir to an archaic and irrelevant institution. Distraught and humiliated, Diana restores her dignity in the arms of other outsiders – victims of AIDS, land mines and an Egyptian playboy.* (Ashok Chandwani, Deaths offer hope for outsiders, *The Gazette,* édition du 8 septembre 1997.) En 1973, Ashok Chandwani est arrivé à Vancouver avec trois diplômes universitaires et trois ans d'expérience dans des journaux indiens. Mais il a mis six ans à se trouver un emploi de journaliste au *Montreal Star.* D'où cette sensibilité

particulière au statut d'étranger dont, selon lui, Mère Teresa a également souffert, même si elle est devenue citoyenne indienne dès 1948.

23 Rapporté dans *Le Devoir,* édition du 15 septembre 1997.

24 *I have to address the question as to whether we were guilted into covering Teresa's funeral a few days later, and I would say yes.* (The Globe and Mail, édition du 29 mai1998)

25 *The CBC wouldn't have covered the Teresa funeral like we did [...] we were responding to an element of guilt in ourselves, but we were also responding to an element of guilt in the crowd out there. Ibid.*

26 *La Presse,* édition du 6 septembre 1997.

27 *[...] a fierce opposition to birth control.* (Marci McDonald, *Death of a saint, Magazine Maclean's,* édition du 15 septembre 1997.)

28 Traduction libre. Allocution de Mère Teresa lors de l'acceptation du Prix Nobel, Oslo, 1979.

29 Émission *Le Point,* avec Madeleine Poulin, Société-Radio-Canada, le 14 septembre 1988.

30 *They have the right to decide before conception. Once the child is conceived, that child has the right to live.* Émission *The Journal,* avec Barbara Frum. Le 16 septembre 1988.

31 Propos rapportés par Navin Chawla, *Op. cit.,* p. 144.

32 *If I had the power, I would make a jail for all doctors and mothers who would destroy their child. (The Globe and Mail,* édition du 6 septembre 1997)

33 *Abortionist Henry Morgentaler said that [...] her ideas are so harsh and out of touch with the spirit of the times that they should be dismissed by all sensible people. (TheGlobe and Mail,* édition du 6 septembre 1997)

34 Interview accordée à Raymond Saint-Pierre, à Ramatuelle, en juin 2003.

35 *Ibid.*

36 Interview accordée à Raymond Saint-Pierre à Calcutta, en juin 2003.

37 *Ibid.*

38 *Ibid.*

39 *As we depend on divine Providence for our needs and the needs of the poor, I feel that fundraising and monthly contributions are against our spirit. Therefore, we do not give any person or organization permission to have fundraisings or collections for our work.* (Josef Neuner, Mother Teresa's charism, *Review for Religions*, September-October 2001, p. 492.)

40 *If you see anyone raising money in my name, please stop them! (Ibid.)*

41 Ce film sur Mère Teresa a été réalisé par Ann Petrie pour le compte de Petrie Productions (Canada) et diffusé sur les ondes de Radio-Canada.

42 *Ibid.*

43 *It means for me to step aside everything that I actually value in North America. It's very humbling to be here and to like clean someone hair, to like take them to the toilet. It's something that I never experienced in Toronto. I have learn so much from the people that when I go back to Canada that I, when I will see someone on the street, I will understand a bit more, I am hopefully be able to do something to help those people.* (Interview accordée à Raymond Saint-Pierre à Calcutta, en juin 2003)

44 Interview accordée à Raymond Saint-Pierre, en juin 2003.

45 *Ibid.*

46 *Ibid.*

47 *Ibid.*

48 Interview accordée à Raymond Saint-Pierre à Calcutta, en juin 2003.

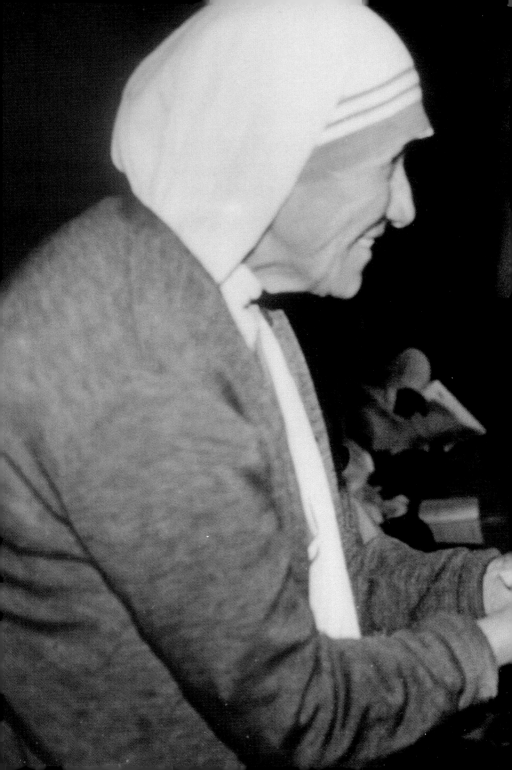

Conclusion

« Nous sommes
appelés
à la suivre »

Beyrouth, 1982. Dans une guerre civile qui dure depuis sept ans, les Israéliens décident d'intervenir, aux côtés de la milice chrétienne, afin de détruire les bases palestiniennes et de chasser les Syriens du Liban. Le 25 juillet, Beyrouth Ouest est totalement encerclée. Dans les jours qui suivent, les combats continuent de faire rage de part et d'autre d'une ligne que personne n'ose franchir.

À l'ambassade américaine, Mère Teresa plaide sa cause[1]. Elle veut à tout prix se rendre à Beyrouth Ouest. Son objectif : un centre où une soixantaine d'enfants handicapés, paraplégiques, vivent sous les bombardements. Elle n'ignore pas que des prêtres aient été tués la semaine précédente, mais elle insiste malgré tout auprès de l'ambassadeur afin qu'il lui fournisse l'aide nécessaire pour pouvoir traverser les lignes. Une conversation étrange s'engage entre elle et le diplomate[2] :

L'ambassadeur : Avez-vous entendu les obus?

Mère Teresa : Oui, je les ai entendus...

L'ambassadeur : Il vous est impossible de traverser les lignes pour l'instant. Il faut d'abord obtenir un cessez-le-feu!

Mère Teresa : Oh! Mais j'ai prié la Vierge Marie et je lui ai demandé d'intercéder pour qu'il y ait un cessez-le-feu dès demain...

L'ambassadeur : Vous demandez à la Vierge Marie d'intercéder auprès du premier ministre Begin[3]. Ne croyez-vous pas que les délais sont un peu courts?

Mère Teresa : Oh non. Je suis certaine que le cessez-le-feu interviendra demain.

Le cessez-le-feu intervint, et l'équipe de Mère Teresa parvint à évacuer les enfants dans des fourgonnettes de la Croix-Rouge.

Qui est cette femme que le Vatican béatifie? Une thaumaturge qui obtient des cessez-le-feu, lorsque nécessaire? Une femme bien ordinaire, mais audacieuse qui, cette fois-là, a misé juste? Une titulaire du prix Nobel dont le prestige est à ce point considérable que Phalangistes, Palestiniens et Israéliens font le silence de leurs armes lorsqu'elle passe? Les trois à la fois?

Une femme ordinaire, certainement. Chaleureuse, quelque peu espiègle, pas du tout impulsive, extravertie, joyeuse, loquace et pleine d'humour, selon tous ceux qui l'ont connue. Rien, donc, de ces contemplatifs austères, ascétiques et stoïques dans leur foi. Et pourtant, son pèlerinage spirituel, parsemé de doutes, mais riche de ses écrits, « la range parmi les mystiques chrétiens de première classe du XXe siècle[4] », dit le père Albert Huart qui fut son conseiller spirituel. « La qualité la plus extraordinaire qu'elle avait était sa compassion, dit sœur Maria Nirmala, une conseillère de la supérieure générale actuelle. Elle avait une très forte personnalité [...], mais qui permettait à Dieu de l'utiliser. [...] Si nous lui demandions quelque chose d'important, elle ne disait jamais " oui ", elle disait : " prions d'abord[5]! " » Dominique Lapierre lui reconnaissait également une compassion hors du commun : « Quand j'ai vu cette espèce de personne un petit peu ratatinée, avec cette peau un peu rugueuse qu'elle avait qui ressemblait à une coquille de noix, parcourir ces quartiers de misère, j'ai vu cette espèce d'onde d'amour qu'elle répandait, cette onde de compassion [...]. Quand on voyait ces gens extraordinairement pauvres, extraordinairement déshérités qui habitaient vraiment au fond de bidonvilles inhumains où l'espérance de vie ne dépasse pas quarante ans, où il n'y a pas une fontaine pour 5 000 habitants, c'est vraiment l'enfer sur la terre. Et pourtant, quand arrivait Mère Teresa, il y avait une espèce d'illumination sur les visages, les mères tendaient leurs enfants, les hommes lui touchaient la main[6]. »

Personne compatissante, donc, collée dans le quotidien à la misère des gens, Mère Teresa était aussi un Prix Nobel de la paix, une personnalité internationale, une vedette médiatique, une icône en quelque sorte. Selon le père Gaston Roberge, spécialiste des médias, « Mère Teresa avait plusieurs qualités qui faisaient d'elle une icône. Je crois, dit-il, qu'elle était photogénique, elle venait bien à l'écran. [...] Elle est montée dans la psyché occidentale comme une image qui avait des qualités intéressantes. Elle était femme, elle venait d'un pays communiste, elle s'était établie au milieu des pauvres, elle avait une action radicale, très claire, très compréhensible, et elle ne se mêlait pas de politique. C'était donc l'icône rêvée à cette époque. Voilà l'image dont on avait besoin[7]. » Est-ce alors l'icône que le Vatican béatifie? « L'icône ne la contenait pas, ajoute le père

Roberge. L'icône n'était pas fausse, elle était basée sur des faits historiques précis qui ont fait que l'image que les médias ont projetée avait un " appeal " très puissant sur les masses. Il faut cependant bien souligner que ce n'est pas cette image qui est béatifiée, mais cette humble personne qui était habitée de l'esprit divin[8] [...] ». Selon le père Paolo Molinari, par sa béatifica-tion, le pape dit au monde : « Regardez cette femme, nous sommes appelés à la suivre, à partager son esprit, et ce sera seulement lorsqu'il y aura beau-coup de monde qui vivra de cette manière qu'il y aura la paix, qu'il y aura la justice, qu'il y aura un amour vraiment frater-nel qui va au-delà des ethnies, des nationalités[9]. »

Ce que le monde retiendra de l'action de Mère Teresa, c'est que son œuvre est née et s'est maintenue dans la relation étroite « au plus pauvre d'entre les pauvres », résolument en dehors de toute recherche de solutions globales au problème de la pauvreté. À Beyrouth, Mère Teresa disait : « Il faut y aller et prendre les victimes une à une. Une ici, une là [...] ». Elle a tant de fois répété que sa vie n'était qu'une goutte de rédemption dans un océan de souffrance. « Mais, disait-elle, si cette goutte n'existait pas, elle manquerait à la mer. »

Notes

1   La présence de Mère Teresa à Beyrouth et l'échange avec l'ambassadeur américain sont présentés de façon saisissante dans le film qu'Ann Petrie a réalisé sur Mère Teresa.

2   L'ambassadeur, Philip C. Habib, est un diplomate de carrière qui coordonne le rôle des États-Unis dans les négociations de paix au Liban. Le président Ronald Reagan en fera son représentant pour tout le Moyen Orient à compter du 11 novembre de la même année.

3   Menahem Begin a été premier ministre d'Israël pendant cinq ans. C'est lui qui a signé les accords de Camp David en mars 1979, mais c'est aussi lui qui a lancé cette guerre inutile contre le Liban. Il ne s'en remettra pas et abandonnera la politique l'année suivante.

4   Interview accordée à Raymond Saint-Pierre à Calcutta, en juin 2003.

5   *The most outstanding quality I find in Mother was her compassion. [...] She was a very strong personality [...] but she allowed God to use her [...]. Whenever Mother was asked something big, she never said yes, she would say: sisters, let us pray about this first.* (Interview accordée à Raymond Saint-Pierre à Calcutta, en juin 2003)

6   Interview accordée à Raymond Saint-Pierre à Ramatuelle, en juin 2003.

7   Interview accordée à Raymond Saint-Pierre à Calcutta, en juin 2003.

8   *Ibid.*

9   Interview accordée à Raymond Saint-Pierre à Rome, en juin 2003.

Bienheureuse Mère Teresa de Calcutta. La voie vers la sainteté
est publié par Novalis.

Conception et rédaction : Mario Cardinal

Direction de projet : Jean-François Bouchard pour Novalis ;
Colette Forest pour la Société Radio-Canada

Révision linguistique : Pierre Guénette

Conception graphique et mise en page : Caroline Gagnon

Conception de la couverture : Caroline Gagnon

Sélection des photos : Mia Webster

© Société Radio-Canada et Novalis, Université Saint-Paul, 2003

Dépôts légaux: 3e trimestre 2003
   Bibliothèque nationale du Canada
   Bibliothèque nationale du Québec

Novalis, 4475, rue Frontenac, Montréal (Québec) H2H 2S2
C. P. 990, succursale Delorimier, Montréal (Québec) H2H 2T1

ISBN 2-89507-461-5

Imprimé au Canada

Nous reconnaissons l'aide financière du gouvernement du Canada par l'entremise du
Programme d'aide au développement de l'industrie de l'édition (PADIÉ) pour nos activités d'édition.

Sources des photographies :

Couverture : Osservatore Romano; p. 2 : Chitrabani Audio Visual Centre; p. 3 (de haut
en bas) Chitrabani Audio Visual Centre, Chitrabani Audio Visual Centre, Shilbhadra
Datta, Michael Collopy, Chitrabani Audio Visual Centre, Chitrabani Audio Visual
Centre; p. 4 : Chitrabani Audio Visual Centre; p. 6 : Chitrabani Audio Visual Centre;
p. 8 : Bikas Das/Presse canadienne; p. 10 : Valter Venuti; p. 12 : Shilbhadra Datta; p. 14 :
Shilbhadra Datta; p. 19 : Valter Venuti; p. 22 : Valter Venuti; p. 23 : Valter Venuti; p. 24 :
Chitrabani Audio Visual Centre; p. 28 : Shilbhadra Datta; p. 30 : Shilbhadra Datta;
p. 33 : Shilbhadra Datta; p. 37 : Shilbhadra Datta; p. 41 : Shilbhadra Datta; p. 44 :
Shilbhadra Datta; p. 48 : Shilbhadra Datta; p. 49 : Shilbhadra Datta; p. 54-55 : Michael
Collopy; p. 56 : Michael Collopy; p. 61 : Shilbhadra Datta; p. 64 : Shilbhadra Datta;
p. 66 : Chitrabani Audio Visual Centre; p. 68 : Chitrabani Audio Visual Centre; p. 70 :
Chitrabani Audio Visual Centre; p. 71 : Chitrabani Audio Visual Centre; p. 72 :
Chitrabani Audio Visual Centre; p. 73 : Shilbhadra Datta; p. 74-75 : Chitrabani Audio
Visual Centre; p. 77 : Chitrabani Audio Visual Centre; p. 80 : Olf Christiansen/
Presse canadienne; p. 81 : Chitrabani Audio Visual Centre; p. 82 : Sherwin
Crasto/Presse Canadienne; p. 86 : Chitrabani Audio Visual Centre; p. 88 : Chitrabani
Audio Visual Centre; p. 91 : Chitrabani Audio Visual Centre; p. 93 : Dominique
Lapierre; p. 95 : Shilbhadra Datta; p. 96 : Osservatore Romano; p. 99 : Chitrabani Audio
Visual Centre; p. 100 : Chitrabani Audio Visual Centre; p. 102 : Chitrabani Audio

Visual Centre; p. 105 : Osservatore Romano; p. 107 : Chitrabani Audio Visual Centre; p. 110 : Chitrabani Audio Visual Centre; p. 112 : Chitrabani Audio Visual Centre; p. 113 A : Pierre Bélanger; p. 113 B : Chitrabani Audio Visual Centre; p. 118-119 : Chitrabani Audio Visual Centre; p. 120 : Chitrabani Audio Visual Centre; p. 124 : Chitrabani Audio Visual Centre; couverture 4 : (de haut en bas) Chitrabani Audio Visual Centre, Chitrabani Audio Visual Centre, Shilbhadra Datta, Michael Collopy, Chitrabani Audio Visual Centre, Chitrabani Audio Visual Centre.

Sources d'information consultées pour la rédaction du livre

- Les interviews réalisées par Raymond Saint-Pierre à Calcutta, Rome et Ramatuelle.

- Site Internet du Vatican : http://www.vatican.va/roman_curia/ congregations 15 mars 2003.

- *Mother Teresa's charism*. Josef Neuner SJ. in Review for religions. Septembre-octobre 2001, p. 483.

- BBC News, 6 septembre 2001. *Exorcism performed on Mother Teresa.* http://news.bbc.co.uk/2/hi/south_as ia

- *Mère Teresa : vénérable, bienheureuse ou sainte?* Texte de François Gauthier. http://sources.asie.free.fr/espace/mo ndeentier/gautier/inde

- *Le Grand Robert de la langue française* : • Vol. IV, p. 1510.. • Vol. IV, p. 2225.

- *The Power of God's Love : A Miracle Obtained through the Intercession of the Servant of God, Mother Teresa of Calcutta.* http://motherteresacause.in fo/miracle.htm

- Rediff.com. India Limited (Copyright@Rediff.com. India Limited. All Rights Reserved).

- *Doctor claims pressure to ratify Teresa's « miracle ».* http://indiabroad.rediff. com/news/2002/oct/19teresa.htm 19 octobre 2002.

- *West Bengal rejects Mother Teresa's miracle.* Même site. Même date.

- *Time Asia. What's Mother Teresa Got to Do with It?.* http://www.time.com/time/asia

- *Frontline, India's National Magazine.* (Publisher THE HINDU). • *Miracle cure, or was it?* Frontline. Vol. 19, Issue 22, October 26 – November 08, 2002. http://www.flon net.com/fl1922/stories/20021108007 613400.htm

- *Primal Elements : The Oral Tradition. Five Elements in Santhal Healing.* N. Patnaik. http://ignca.nic.in/ps_01016. htm

- *Mère Teresa.* Monique de Huertas. 305 pages. Éditions du Centurion 1993. 22, cours Albert-1er, 756008. Paris. Centurion est une marque du département Livre de Bayard Presse.

- *Mother Teresa and me* by Christopher Hitchens. *Vanity Fair.* Février 1995.

- *Christopher Hitchens On Mother Teresa (Interview)* by Matt Cherry. *Free Inquiry magazine.* Vol. 16, no 4. Interview reproduite par le *Council for Secular Humanism.* http://www.sec ularhumanism.org/library/fi/hitche ns_16_4.html

- Agence CIP. *Calcutta : acclamée comme une « sainte vivante », Mère Teresa s'est éteinte à l'âge de 87 ans.* http://www.catho.be/cip/bulletin/ 5337/depeche/depcip/5337n8.html

- *Mère Teresa. Une vie pour l'amour.* Navin Chawla. 241 pages. Éditions de l'Archipel, 13 rue Chapon, Paris.

Au Canada, Édipresse Inc., avenue Beaumont, Montréal, Qc H3N 1W3. Traduit de *Mother Teresa*. Sinclair-Stevenson, Londres, 1992. Copyright Navin Chawla. Pour la traduction française, L'Archipel.

- Attac France. *Les exportations à tout prix : la recette du libre échange proposée par Oxfam pour le tiers-monde.* http://www.france.attac.org/site/page.php?/idpage=1361

- Film sur Mère Teresa par Ann Petrie pour Petrie Productions Canada (1986). Diffusé par Radio-Canada sur RDI.

- Christian History. Christianity Today.com. http://www.christianity today.com/ch/2000/001/4.20.html

- Le Devoir :
  • *Avant les obsèques nationales prévues pour samedi : des milliers d'anonymes défilent devant Mère Teresa.* Chanda Kumar Abhik. Un texte de l'Agence France Presse publié dans le Devoir du 8 septembre 1997.

  • *Le chardon de la compassion.* Par Stéphane Baillargeon. 15 septembre 1997.

- *Globe & Mail* :
  • *Mother Teresa to have state funeral.* by John Stackhouse. 8 septembre 1997.
  • *Networks justify Diana coverage.* 29 mai 1998).
  • *Mother Teresa.* by Donn Downey and John Stackhouse. 6 septembre 1997.

- La Presse :
  • *J.-René Ouimet, témoin privilégié de la vie de Mère Teresa.* 14 septembre 1997.
  • *Mère Teresa et la princesse Diana : une étrange alliance.* 6 septembre 1997.

- *The Montreal Gazette.*
  • *Deaths offer hope for outsiders.* by Ashok Chandwani. 8 septembre 1997.

- *Maclean's Magazine.*
  • *Death of a « saint ».* by Marci McDonald. 15 septembre 1997.

- Quotidien Le Monde :
  • *Des témoins de la foi dans un monde sans Dieu.* Édition du 26 juillet 1999.
  • *Horizons*, 25 décembre 2002.
  • *Hypothèses sur la mort des moines de Tibéhirine.* Armand Veilleux. 24 janvier 2003.
  • *Calcutta se prépare aux obsèques nationales de Mère Teresa.* 13 septembre 1997.

- CNNPlus. *Mother Teresa : Angel of Mercy. A Special Voice for the poor. The following essay is by Pranay Gupte, a columnist for Newsweek International, and editor and publisher of « The Earth Times ».* http://www.cnn.com/WORLD9709/mother.teresa/perspective/index.html